JN174377

読売ジャイアンツ 最強の教科書

読売巨人軍 協力

GIANTS

打者21人 投手20人 守備・走塁6人
プロの"技・ノウハウ"を極める！

大泉書店

目次 CONTENTS

PART 1　バッティング・右打者

PART 2　バッティング・左打者

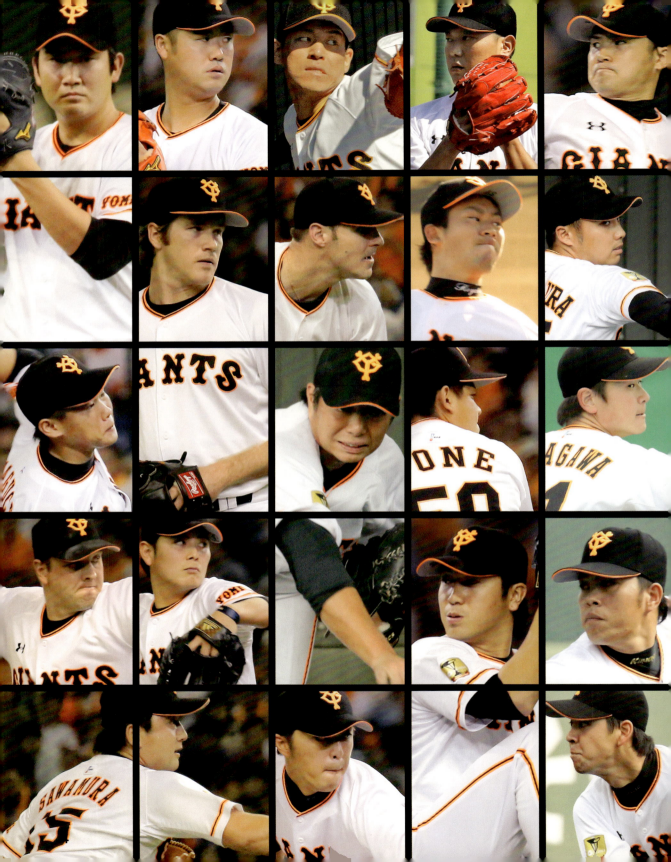

PART 3 ピッチング・先発投手

PART 4 ピッチング・救援投手

PART 5 守備・走塁

※本書の写真は、おもに2015年シーズンに撮影したものです

バッティングKEY WORD

本書でよく使われる用語（KEY WORD）の解説

PART1と2の「バッティング編」では、簡潔に表現するために「トップ」「インパクト」「フォロー」など、野球専門用語を使っています。野球観戦などにも役立つ内容なので、本文を読み進める前にバッティングの基本用語をマスターしましょう。

バッティングの流れ

Ⓐ **構え**……打者がバッターボックスに入って打撃体勢に入ったときの形。また、ここでいう「スタンス」とは、ボックス内での両足の位置や幅のこと。

Ⓑ **ステップ**……右打者なら左足、左打者なら右足を投手方向（前）に向けて出すこと。

Ⓒ **テイクバック**……投手の投球動作に合わせて「スイング」をする体勢に入ること。両手を捕手寄り（後方）に軽く引いたり、「グリップ」を高めに上げる選手などさまざま。

Ⓓ **トップ**……「テイクバック」から「スイング」へ移行する折り返し地点。トップの位置は選手それぞれだが、自分の最大の力を発揮できる位置におく。

Ⓔ **スイング**……バットをボールに向けて振ること。ここでよく使われる「上からたたく」とは、ボールに向けてバットを振り下ろすイメージでスイングすること。

Ⓕ **インパクト**……「スイング」によって、バットをボールに衝突させること。「ミート」「コンタクト」という言葉も同様に使われる。また、ここでいう「押し込み」とは、ボールと衝突したバットをさらに前へ出して飛ばす動きのこと。

Ⓖ **フォロー**……「インパクト」後の「スイング」のこと。「フォロースルー」ともいう。「大きなフォロー」「フォローで振り切る」などと表現される。

その他のバッティング用語

インサイド・アウト

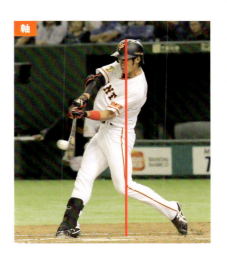

軸

インサイド・アウト……バットが、インパクトまでは体の内側（インサイド）を通り、インパクト後は体の外側（アウト）を通るような軌道（きどう）の「スイング」。

オープンスタンス……投手側の足（前足）が捕手側（後ろ足）よりベースから離れた構えのこと。

グリップ……打者がバットを握（にぎ）る部分、もしくはバットを握った両手のこと。

クローズドスタンス……投手側の足（前足）が捕手側（後ろ足）よりベースに近づいた構えのこと。

軸……「回転軸」ともいい、自分の体を回転させるための中心線のこと。

軸足（じくあし）……捕手寄り（後ろ）の足。右打者なら右足、左打者なら左足。

ヒジをたたむ……ヒジを体の外側に張らずに内側におくこと。

ヒジを抜く……「スイング」の動きの中で、ヒジをスムーズに出すこと。

ヘッド……バットの先端（頭）のこと。「ヘッドを立てる」とは、バットの先端を「グリップ」の高さよりも落とさないこと、寝かさないこと。

割る（割り）……「ステップ」によって下半身がボールに向けて体重（重心）移動する動きとは逆に、上半身が「トップ」に向けて捕手方向（後ろ）もしくは上方へ移動することで、上半身と下半身に「ひねり」が生まれること。

ワキを締める……腕（うで）と上半身の空間を大きくしないこと。逆にワキがあくと両腕に力が入らない。

ヒジを抜く

ワキを締める

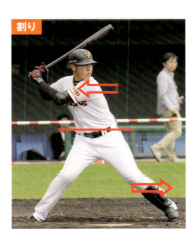

割り

ピッチングKEY WORD

本書でよく使われる用語（KEY WORD）の解説

PART3と4の「ピッチング編」では、簡潔に表現するために「トップ」「リリース」「フォロー」など、野球専門用語を使っています。野球観戦などにも役立つ内容なので、本文を読み進める前にピッチングの基本用語をマスターしましょう。

ピッチングの流れ

🅐 **構え（セット）**……投球動作に入る前の体勢。この時キャッチャーからのサインを見る。ここから投手によって、「ワインドアップ」と「ノーワインドアップ」に分かれる。

🅑 **軸足（じくあし）で立つ**……右投手なら右足、左投手なら左足一本で立ち、下半身を安定させてパワーをためる。

🅒 **ステップ**……下半身の体重（重心）移動にともなって足を捕手方向（前方）へ踏み出すこと。

🅓 **テイクバック**……グラブから出したボールをヒジを支点に上げていくこと。

🅔 **トップ**……「テイクバック」から「（腕（うで）の）スイング」へ移行する折り返し地点。

🅕 **（腕の）スイング**……腕を振ること。この時の腕のしなりを「弓（ムチ）のような」と表現することがある。

🅖 **リリース**……ボールを指先から離すこと。「球持ち（P9）」をよくすると、「リリースポイント」が前になり、それだけ打者の近くでボールを放つことができる。

🅗 **フォロー**……「リリース」後の腕の「スイング」のこと。腕を振り切る意識が強い投球につながる。

その他のピッチング用語

ヒップファースト

球持ち

クイック……「クイックモーション」ともいい、一般的にはランナーがいる時に、足を高く上げないですばやく投球体勢に移ること。

クローザー……一般的には、均衡した状態の試合の最後のイニングに登板する投手のこと。「ストッパー」ともいわれる。

セットアップ……均衡した試合で、最終回のひとつ前の回に登板し、「クローザー」につなげる役割の投手。

球の出所（が見えにくい）……テイクバックからリリースまで、ボールが打者から見えにくいこと。

球持ち（がよい）……球がなかなか指先から離れず「リリースポイント」が前になること。

突っ込まない……体重移動の際に上半身の移動をガマンすること。逆に捕手寄り（前方）へ流れると、リリースに向けて腕を強く振ることができない。

ノーワインドアップ……振りかぶらずにグラブを顔や胸の前で静止させてから投げる投法。

ヒザを開かない……右投手なら左ヒザ、左投手なら右ヒザを体の外側へ開かないこと。逆にヒザが外側へ向くと下半身のパワーがロスしてしまう。

ヒップファースト……軸足に重心を乗せた後の投球動作で、お尻を先行させること。

並進運動……軸足に乗っていた体重を踏み出した足に移す重心移動のこと。

ワインドアップ……両腕を一度上げて（振りかぶって）から投げる投法。

割る（割り）……「ステップ」によって下半身が前方へ体重（重心）移動する動きとは逆に、上半身を後ろへ残しながら腕を上げていくことで、上半身と下半身に「ひねり」が生まれること。

ノーワインドアップ

ワインドアップ

割り

9

24 高橋由伸
Yoshinobu TAKAHASHI

Profile

Yoshinobu
TAKAHASHI

投打	右投左打
身長	180cm
体重	87kg
生年月日	1975年4月3日
出身	千葉県

慶応大からドラフト1位で1998年入団。2016年から巨人軍第18代監督就任。ベストナイン(99、07)、ゴールデングラブ(98〜03、07)

Interview

投手とのタイミングが重要

—— 現役時代、バッティングで注意していたポイントは何ですか?

高橋　相手投手とのタイミングです。打者は相手投手が動き出してから動かないといけないので、相手の動きに自分がどれだけ合わせられるか。そのタイミングの幅をどれだけ広く持てるかという点は、注意していました。

—— 練習で意識されたことは何ですか?

高橋　バッティングの基本は、センター返しだと思うので、常にそのことは意識していました。そこから、コースだったり、タイミングが早かったり遅かったりで、打球方向が散らばっていくという感じですね。

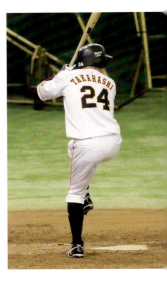

—— 足を上げるスタイルはいつからですか?

高橋　高校生ぐらいだったと思います。体が大きいほうではないので、遠くへ飛ばす、ホームランを多く打

8　最後までしっかり振り抜く。　　7　　　　　6　回転軸をぶらさずに体全体を使って鋭くスイングする。　　5

つためには、体全体を使ったフォームが重要になりました。そのため、体の反動を生かすために、足を上げるのがよかったんです。あと、タイミングを取ることも上手ではなかったので、足を上げることでその弱点もカバーできたのは大きかったと思います。

—— 指導者にいわれた言葉や練習で印象に残っていることはありますか?

高橋　いろんな指導者にたくさんのアドバイスをいただきましたが、僕の基礎になったのは、父親からの教えですね。体全体を使ってバットを振るということなんですが、長い竹の棒を振ってその感覚を養っていきました。体全体を使わないと、きれいなスイングができないので。あの練習があったからこそ、バランスの取れたフォームができたんだと思います。

無理やりバットを振ってはいけない

—— まだ体ができていない小学生や中学生が、打撃力を向上させるためにやっておいたほうがいい練習があれば教えてください。

高橋　たくさんバットを振ることだと思います。ただ、振れないバットを無理やり振っても意味がないので、大人用の重いバットしかなければ、バットを短く持って振るなど、工夫が必要になります。目いっぱい振るという感覚ではなく、自分がしっかり振ってい

るか。そこがポイントになるのではないでしょうか。

—— 高校生、大学生になって体ができてきたら、次のステップに入るということですね。

高橋　そうですね。小さいころに、バットを振れる感覚を身につければ、高校生や大学生になった時に、筋力をつけるために、重くて長いバットを振る練習を取り入れてもいいのではないでしょうか。

—— 最後に監督として、どういう指導を心がけようと思っていますか?

高橋　自分がどう指導していくかというより、プレーしている選手の意識が大切だと思います。練習に対しても、選手が理解していないと、指導者が何を伝えても意味がなくなりますからね。その選手の意思や感覚をくみ取って、アドバイスをしていければと思います。

START

4 上半身と下半身をしっかり割る。　**3**　**2** 足を上げることでタイミングが取れ、体の反動を使ったスイングにもつながる。　**1**

PART 1

バッティング・右打者

右打者が充実しているジャイアンツ。チャンスに強いクラッチヒッター、逆方向にも強い打球が打てる強打者、小技もできる俊足選手、成長著しい若手野手。打線の中核をになう選手がそろったジャイアンツの右打者を紹介。

＊本文中の「軸足」「トップ」「インパクト」などの用語は、P6～7の「用語解説」で詳しく解説しています

RIGHT-HANDED HITTERS

6 坂本勇人
Hayato SAKAMOTO

Profile

Hayato SAKAMOTO

投打	右投右打
身長	186cm
体重	83kg
生年月日	1988年12月14日
出身	兵庫県

光星学院高からドラフト1位で2007年入団。最多安打(12)、ベストナイン(09、12)

Type 特徴

下半身主導とインサイドアウトが
ポイントの球界屈指の
勝負強さを誇る打線の主軸

下半身主導で、インサイドアウトに振る

—— バッティングで重点を置いているところは？

坂本　やはりタイミングが大事だと思います。そのためにも、上体に頼らずに下半身主導で打ちにいくということを心掛けています。あと練習で意識しているのは、ボールをしっかり見て内側を打つこと。バットを振る時の基本は、インサイドアウト。ボールの内側をたたくことで、インサイドアウトの振りを体にしみこませていきます。そうすることで、インパクトの強いバッティングができると思います。

—— 2015年はシーズン中でもフォームの修正に取り組んでいました。あれは、トップを意識するということにつながるのですか？

坂本　そうですね。トップはバッティングの中でも重要なポイントのひとつですから。自分にいいトッ

プの位置はどこなのかということは、毎年試行錯誤（しこうさくご）しながらプレーしています。

—— バットコントロールのよさにも定評がある坂本選手。どのように技術を磨いていますか？

坂本　自分のスイングを身につけることが、バットコントロールの上達にもつながるのではないでしょうか。ティーバッティングなり、素振り（すぶり）なりで、バットを数多く振る。でも、１球、１球自分の課題を意識しながらやらないと、自分が理想としているスイングは身につきません。数をこなすのは大切なんですが、自分の課題を明確に意識することが重要。しっかりとしたスイングができていれば、体勢がくずされた場合でも、体が自然と対応できるわけです。

頭がぶれると全体がぶれてしまう

—— プロ入り前に取り組んでいた練習方法を教えて

ください。

坂本　高校生の時ですが、長いバットや重いバットでティーバッティングをたくさんこなしていましたね。長さのあるバットや重量のあるバットだと、下半身が使えていないとバットが外回りしてしまう。つまり、インサイドアウトのスイングができないんです。下半身も含め体全体でしっかりバットを振るという意識を高めるために、こういった練習を取り入れていました。

── 指導者などからのアドバイスで、**印象に残っている言葉はありますか？**

坂本　基本的なことなんですが、軸を大事にするということですね。プロ野球選手でも、つねにこのことは意識していると思います。とにかく、頭を動かさないでスイングする。人間の体で頭は重い部分なので、そこがぶれると体全体がぶれてしまう。だから、頭の位置をできるだけ動かさずに、足と体の力を使ってバットを振らなければいけない。これは、パワーの有無に関係なく、打者の基本になることですから。

── **最後に、子どもたちにメッセージをお願いします。**

坂本　子どものころは、野球がうまくなりたいという気持ちをずっと持ち続けていました。そして、どうすれば上手になれるかということを考えて練習に取り組んだことが、今につながっているのだと思います。コーチや監督にいわれたことだけをやるのではなく、自分でもどうすればいいかを考えることが上達の近道になると思います。

> **インタビュアーのひと言**
> 打撃理論や子どものころの話など、インタビュー中、ずっと落ち着いた話し方で、頼れるキャプテンというイメージ。時折見せる笑顔と、吸い込まれそうな輝きの瞳が印象的でした。

10 ボールをしっかり見て、内側をたたくことを意識する。　**9**　**8** しっかりトップをつくる。　**7**

13 最後までしっかり振り切る。　**12**　**11** 両腕を伸ばして鋭く振り抜く。

1　**2**　**3**　**4**　**5**

上体に頼らずに下半身主導で打ちに行く。

START

G
POINT
1

6 5 4 3 2 1

頭の位置を動かさずにステップする。　　　　　　　　　　　　　　　　バットを高い位置で構える。

バットの位置を固定し、タイミングのズレをなくす

　バランスがよく、ボールをよく見て打てるタイプの選手。バットを高い位置に構え、足を大きく上げてタイミングを取り、変化球に対応できるように前に重心を置いてバットをスイングしている。バットを高い位置に構えることで固定することに意識を向け、タイミングのズレをなくしているのも坂本の特徴。足を大きく上げて踏み込むフォームは、少しつっこみ気味になることが多いが、坂本には上半身で

うまくのけ反るようにして、ボールにさしこまれないようにミートする高い修正能力があるのだ。

　2015年のシーズンは、打席内での慎重性がアップ。適切にボール球を見きわめながら、ストライクだけを正確にミートする力も備わってきている。現に、三振数は14年シーズンより15年シーズンではやや減少しており、打者としてさらに進化を続けている印象だ。

6 7 8 9

しっかりしたスイングができていると、体勢がくずされたとしても自然と反応できる。

6 坂本勇人
Hayato SAKAMOTO

「軸」を大事にする

できるだけ頭を動かさずに足と体の力を使ってスイングすることが大事。体幹トレーニングは毎日やっています。

頭の位置が動かない体全体を使ったスイング!

回転軸がぶれないインサイドアウトのインパクトの強いバッティング!

回転軸

G POINT 5

G POINT 4

右肩がここまで
下がってもバットの
ヘッドが残っているので
打球が切れない！

ステップしてしっかり
トップをつくり、ボールの
内側をたたく意識で
最短距離でバットを出す！

軸足をぶらさずに
しっかり重心を乗せる！

軸足

G POINT 3

G POINT 2

G POINT 1

7 長野久義
Hisayoshi CHONO

センターから右方向に強い打球が打てる
打線の中核をになう選手会長

Profile

**Hisayoshi
CHONO**

投 打	右投右打
身 長	180cm
体 重	85kg
生年月日	1984年12月6日
出 身	佐賀県

社会人・ホンダからドラフト1位で2010年入団。首位打者(11)、最多安打(12)、最優秀新人(10)、ベストナイン(11〜13)、ゴールデングラブ(11〜13)

打撃の基本は、センターから右方向

―― 現在のバッティングフォームについて教えてください。

長野 大学生の時に左足を骨折して、そこから強く踏み込むことができない時期があったので、右足の回転を意識したバッティングを心がけるようになりました。それが、現在の打撃スタイルにつながっています。

―― 注意している点は?

長野 内側からバットを出す練習を取り入れ、ボールを長く見るようにしています。もともと、センターから右方向へ打つのが得意といえば得意なので、その確率を上げるためにバットを内側から出せるように練習している感じですね。

―― センターから右方向への打撃を意識し始めたのはいつごろからですか?

長野 大学生の時ですね。何かの雑誌で、阿部(→P54)さんが、バッティング練習の時は必ず逆方向へ打つことから始めている、という記事を読んだんです。それから、右方向への打球を意識するようになり、社会人の時もその意識を持ちながら、練習していました。

バットに振り負けない体をつくること

―― プロ野球選手のマネをする子どもたちも多いです。ポイントはありますか?

長野 形をマネするためにポイントを見ようとすることはわかりますが、小学生、中学生であれば、まずは強くバットを振る体づくりが大切。強く振る意

識を持つためには、しっかりとスイングできる体になっていないとダメだと思います。素振りの回数を増やすことも大切ですが、ランニングなどで下半身を鍛えるのもいいと思います。あとは、食事をしっかりとって、体を大きくするのがいいのではないでしょうか。僕も、高校の前半ぐらいまで体が小さかったので、強く振れていなかったように思います。高校の後半から体ができあがり、強いスイングができるようになりましたから、子どものころに基礎となる体づくりをすることは重要ですね。

―― 指導者からいわれた言葉で、印象に残っているものがあれば教えてください。

長野 原(辰徳)前監督からいわれたことで、三振したり、凡打をしたりしたときでも、堂々とベンチに戻ってきなさいということですね。どうしても、打てないと落ち込んでしまうのですが、下を向いた状態でベンチに戻ると、その姿を見ているチームメートの士気が上がらない。応援してくれるファンにも失礼だと。だから、打てなくても下を向いてベンチに戻らないように意識していますね。

―― 最後に、今後の目標を聞かせてください。

長野 今取り組んでいる練習を継続して、結果につなげていきたいですね。年齢とともに、体のキレや体力的な衰えもありますが、そこをこれまで培ってきた技術でカバーしていければと思います。

インタビュアーの ひと言
「長野久義です。よろしくお願いします!」。聞き取りやすい大きな声のあいさつで、"緊張でやや重い場"が一気に"気持ちいい空間"になりました。その後の取材もスムーズに進みました。

START

| 1 | 2 | 3 | 4 | 5 |

リラックスした構えから足を上げて行く。　　　　　　　　軸足に重心を乗せたらステップを始める。

| 10 | 11 | 12 |

軸足を蹴って、最後までしっかり振り抜く。

| 9 | 8 | 7 (G POINT 4) | 6 (G POINT 3) |

両腕を伸ばしてしっかり振り切ってから走り出す。

24　　※G POINT1〜4はP26〜27へ

6　7　8　9

大きなトップをつくる。　　　　　　　　　　　頭の位置を動かさずにスイングする。

ヒジのたたみ方はトッププレイヤーの証

　タイミングを外されても、泳ぎながらでもミートして安打を放てる、打つと決めたら打てるヒットゾーンの広さがウリの長野。トップの位置をしっかり固定して、軸足（じくあし）重心でボールを長く見て、しっかり引きつけて打つ。ヒジをしっかりたたんでバットにボールを乗せて打っている。右に強い打球が打てるのは、ヒジをしっかりとたたんでいるからなのだ。また、社会人時代から続けていて

本人も独特だと語るベースから離れた位置に立つことで、外角のボールを見きわめることができている。
　野球少年少女にお手本にしてもらいたいところはもう一か所ある。ズレがあまりなさそうなタイミングの取り方とされる、規則的に足を上げるところだ。タイミングの取り方はどれが自分に合うか試行錯誤（しこうさくご）していく中で、長野の足のタイミングの取り方はぜひ試してほしい。

START

5　4　3　2　1

ズレがあまりなさそうなタイミングの取り方。

ヒジをしっかり
たたむことによって
右方向にも強い
ボールが打てる!

軸をぶらさずに
鋭い回転でスイング!

バットを内側から
出すことによって
ボールを長く見る
ことができる!

回転軸

G POINT **4**

G POINT **3**

頭をフォローまで
動かさずに
鋭くスイングする!

軸足にしっかり
重心を乗せて
タイミングを取る!

大きなトップを
つくることによって
上半身と下半身の
ひねりが生まれる!

G
POINT
2

軸足

G
POINT
1

00 寺内崇幸
Takayuki TERAUCHI

Profile

Takayuki
TERAUCHI

投打	右投右打
身長	177cm
体重	73kg
生年月日	1983年5月27日
出身	栃木県

社会人・JR東日本からドラフト6位で2007年入団。

両腕をしっかり伸ばして逆方向に打つ。

回転軸

ワキをしっかり締めてボールを最短距離でたたく!

ボールを手元まで見きわめてコンパクトなスイングでミートする!

2015年9月23日の対阪神戦でサヨナラヒットを放った寺内。

コンパクトなスイングで
どんな球にも最短距離で対応

START

軸足にしっかり重心を乗せる。

バットを短く持って
両肩を平行にする!

バットを短く持ち、確実性をアップ

　小技に定評があり、近年は勝負強さも光る寺内は、足でタイミングを取りながら、バットコントロールがしやすいようにバットを短く持ち、コンパクトなスイングでミートすることに重きをおいている打撃フォーム。長距離打者が多いチーム内で"つなぐ"という自身の役割をしっかりと理解しているといえるだろう。コンパクトにスイングすることの利点は、始動での時間がかからないため、手元までボールを見きわめることができ、その分ミート力の向上につながるのだ。また寺内は、肩に近いところで構えて、ワキをしっかりと締めることでその分ぶれることや大振りすることがなく、どんな球にも最短距離で対応ができている。

　ライバルが多い内野手において、ポジションを確約するには打撃の向上が必須。ユーティリティープレーヤーはここで止まるはずがない。

29

8 片岡治大
Yasuyuki KATAOKA

Profile	投打	右投右打	社会人・東京ガスからドラフト3位で2005年にライオンズに入団し、FAで2014年にジャイアンツ入団。最多安打(08)、盗塁王(07〜10)、ベストナイン(08)
Yasuyuki KATAOKA	身長	176cm	
	体重	78kg	
	生年月日	1983年2月17日	
	出身	千葉県	

軸をぶらすことなく鋭く回転して打つ!

体の回転を速くしてボールを呼び込む!

回転軸

7 **6** **5**

START

1 **2** **3** **4**

重心を低くした構えからすり足のように前足をステップする。

下半身の動きを最大限に抑えることで、スイングが安定する!

体の回転を使った"すり足"打法

START

軸足

体の回転を使って腕を出す

2014年オフよりジャイアンツに加入した片岡。今やすっかりチームの雰囲気になじみ、小技から長打も打てる俊足巧打の選手として、チームに欠かせない存在だ。

片岡の打撃フォームは、ホームランバッターに多いとされる"すり足"打法。構えの段階から両足を広げて重心を低くし、足でタイミングを取りながら前足をすり足のようにして軸足に体重移動し、体の回転を使って腕を出している。

大きな特徴は、下半身の動きを最大限におさえることと、体の回転を速くすることでボールを呼び込んで打つこと。動きを抑えることで頭はバットの軌道に集中でき、逆方向にも打ち返せている。片岡が空振りすると打席で体がクルっと回転することが多いのは、体の回転を使って打っているからだ。ぜひここに注目して観戦してみよう。

回転軸がぶれないしっかりとしたフォロースルー。

11 ルイス・クルーズ
Luis CRUZ

START

1

軸足

2 **3**

足を大きく上げてタイミングを取る。

左足を大きく開いたオープンスタンスで、軸足に重心を乗せてから始動する!

体の回転を使い、強くボールを押し込む

メジャー数球団、千葉ロッテを経て2015年オフにジャイアンツへ加入した新助っ人・クルーズ。彼は、トップの位置でバットを構えて、重心を軸足（あし）に乗せてから始動する外国人バッター特有のバッティングフォームをしている。左足を大きく開くオープンスタンスに構えることでボールを長く見ることで見きわめ、タイミングは大きく足を上げているがステップはほとんどせずに、体の回転を使ってボールを強く押し込んでいる。強くボールをたたくことはもちろん、しっかりと押し込む

意識があるので、引っ張るだけでなく逆方向へも強いボールが打てているのだ。

そしてクルーズの魅力は守備面にもある。二塁手のほかにも三塁、ショートとこなせるユーティリティプレーヤーで、ボールを捕球してからのスピードが速く、柔（やわ）らかいグラブさばきや手首の強さに定評がある。その実力は、ロッテ時代の15年に二塁手としてゴールデングラブ賞を受賞するほど。捕球後の動作などは、ぜひ手本にしてもらいたい選手だ。

Profile		
Luis CRUZ	投打　右投右打	MLBのパイレーツ、ヤンキースなどを経て2014年千葉ロッテに入団し、2016年ジャイアンツ入団。ゴールデングラブ(15)
	身長　183cm	
	体重　95kg	
	生年月日　1984年2月10日	
	出身　メキシコ	

球界トップクラスの守備力と長打力を秘めた期待の助っ人

軸をぶらさずに回転してボールを強く押し込む!

回転軸

両腕をしっかり伸ばした大きなフォロー。

START　守備スタート

柔らかいグラブさばきから、リストの強さを生かしてすばやく送球する。

Profile	投打	右投右打	社会人・日本生命からドラフト1位で2014年入団。
Seiji KOBAYASHI	身長	178cm	
	体重	80kg	
	生年月日	1989年6月7日	
	出身	大阪府	

肩の力を適度に抜いて投球フォームに合わせる

　肩の強さや、捕手というポジションから守備面が注目されることが多い小林だが、野球少年が目指すべきシンプルで理想的な打撃フォームの持ち主である。バットを高い位置で構え、バットを回してタイミングを取り、振る瞬間に力を入れてボールを飛ばす。

　小林のフォームのポイントは、適度に肩の力を抜いているところ。肩の力が抜けていると、投手の投球フォームに合わせやすく、スイングに力を入れる

ことができるのだ。小林のように手でタイミングを取る打者は、肩に力が入ってしまうことが多く、力むことで振るタイミングが遅れてしまうとインコースで詰まってしまうので注意しよう。

　端正な顔立ちから派手に見えることも多い小林だが、野球以外の質問には困った表情を浮かべるほどの野球一筋なタイプの選手。向上心も高く、今後の成長が期待される。

回転軸をぶらすことなく、振る瞬間に力をこめる!

G POINT 4

G POINT 3

適度に力を抜いたシンプルなフォーム

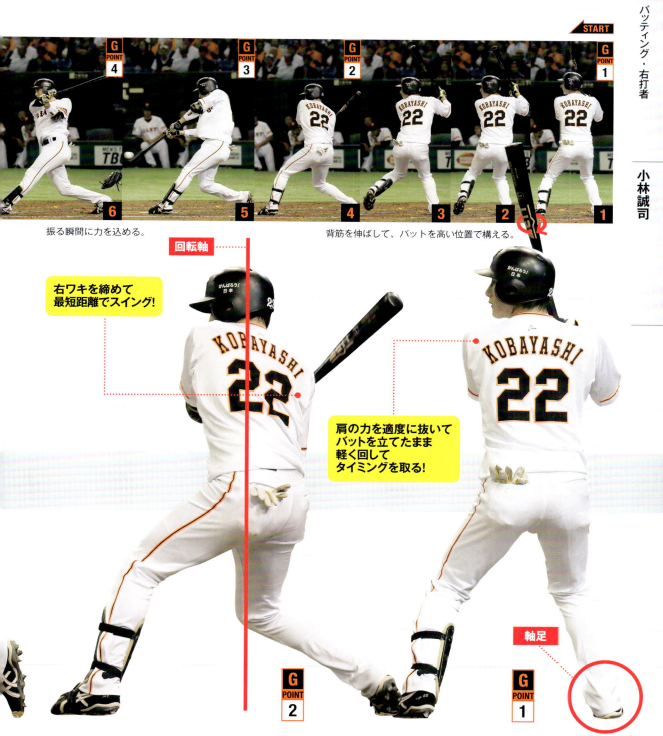

振る瞬間に力を込める。

背筋を伸ばして、バットを高い位置で構える。

回転軸

右ワキを締めて
最短距離でスイング!

肩の力を適度に抜いて
バットを立てたまま
軽く回して
タイミングを取る!

軸足

35

25 村田修一
Shuichi MURATA

Profile	投打	右投右打	2003年ベイスターズに入団し、
Shuichi	身長	177cm	FAで2012年ジャイアンツ入
MURATA	体重	92kg	団。本塁打王(07、08)、ベス
	生年月日	1980年12月28日	トナイン(08、12、13)、ゴー
	出身	福岡県	ルデングラブ(13、14)

バットを
振り下ろすように
上から強くたたく!

回転軸

後ろ重心で
ボールをぎりぎりまで
引きつける!

G POINT 5

G POINT 4

G POINT 3

G POINT 5

G POINT 4

G POINT 3

G POINT 2

8

7

6

5

4

しっかりとトップをつくり、ボールをぎりぎりまで引きつけて上から強くたたく。

ポイントまで引きつけて、最短距離で上から強くたたく

安定した守備をみせる村田。

狙いを定め、ミートポイントに引きつける

　2012年に横浜ベイスターズ（現・横浜DeNAベイスターズ）からFA移籍した村田。ここ数年は、さまざまな要因もあり打撃フォーム改造に着手。現在は後ろ重心にボールをぎりぎりまで引きつけてからバットを振り下ろして、上から強くボールをたたいている。自分の打てるポイントを理解しており、そこにボールを引きつけて、真っすぐに狙いを定めてうまく対応できている。また、以前は高く上げていたバットをやや寝かして余計な力みを取ったことで、初動をスムーズにしているのだ。

　どうしても村田のように実績のある打者は、インコースの真っすぐで勝負されることが多くなる。それに対応するために、これまでは両足を平行に構えていたが、投手に近いほうの足をホームベース寄りに踏み出して構えるクローズドスタンスで体の開きを抑え、最短距離でバットを出すことを意識している。

バットをやや寝かし気味にして余計な力みを取る。

Profile		
Daisuke NAKAI	投打	右投右打
	身長	182cm
	体重	85kg
	生年月日	1989年11月27日
	出身	三重県

宇治山田商高から高校生ドラフト3位で2008年入団。

START

軸足

1　2　3

リラックスした構えから大きなトップをつくる。

リストの強さを生かしたスイング

　天性のリスト（手首）の強さを持ち、ゆっくりとしたスイングから強打を放つ中井。2013年よりフォームを改造し、現在は最短距離でバットをボールにぶつけることを意識している印象だ。

　力みのないリラックスした構えからステップして大きなトップをつくり、右ワキをしっかりと締めることでバットが最短距離を通っているので、ボールを引きつけて見きわめることができている。また、コンパクトなスイングながら天性のリストの強さを生かして、振り切る時にボールを押し込み、長打も放つことができる。

　ぎりぎりまでボールを見きわめるためには速いスイングが必要。中井は構えからスイングまで体の軸<ruby>軸<rt>じく</rt></ruby>を一定に保っているため鋭い回転ができている。そのことが、速く強いスイングにつながっているのだ。

右ワキをしっかり締めることでボールをぎりぎりまで見きわめることができる！

4

天性のリストの強さで、インパクト時にボールを押し込む

リストの強さを生かして
インパクト時に
ボールを押し込む!

背筋を反らせる
ようにした大きな
フォロー!

38 岡本和真
Kazuma OKAMOTO

Type 特徴

軸の回転を意識した力強いフォームが魅力のポテンシャルが高い大型野手

Profile

Kazuma
OKAMOTO

投 打	右投右打
身 長	184cm
体 重	96kg
生年月日	1996年6月30日
出 身	奈良県

智弁学園高からドラフト
1位で2015年入団。

軸の回転で強いインパクトをつくる

—— 現在のバッティングフォームで注意している点は？

岡本　踏み込む左足がオーバースライドにならないようにしています。左足を出しすぎず、軸の回転を意識してバットを振れるように心がけています。そうすることで、ボールに対してバットを最短で出すことができますし、強いインパクトがつくれるので。

—— スタンスを小さくして、どっしりと構えるフォームはいつごろから？

岡本　高校生の時ですね。4番を任されたこともあり、高校の監督からどっしり構えるようにとアドバイスされたことがきっかけです。最初のころは、まだまだ足腰が弱いということもあり、疲れてくるとすぐにフォームがくずれることが多くありました。伸びあがったり、オーバースライドになったり。そこをどう克服するかを、今でも試行錯誤しています。

—— 金属バットから木製バットへ変わったことで苦労した点は？

岡本　金属の場合、詰まったあたりでも飛ぶんです。でも、木製は芯にあたらないと飛びません。だから、自分で考えてトップを小さくしてバットを出しやすくしたのですが、それが原因で打球が飛ばなくなってしまった時期がありました。その時、内田(順三)コーチから「小手先ではなく、しっかり軸で回転して打つように」とアドバイスを受け、以前のようにトップを深く取りボールを引きつけて打つようにしたら、飛距離も戻ってきました。

少年時代の毎日の素振りが基礎となった

—— グリップの握りはどのような感じですか？

岡本　グリップエンドに少しだけ指をかける感じにしています。中学2年生の時に、指をケガしたことがあり、痛くてバットが握れなかったんです。でもまわりにそれをいいたくなかったので、痛くない握りを試したのが、今の握りになっています。そうしたことで、ヘッドが走るようになり、手首も柔らかく使えたので、自分にはこれが合っていると思いました。

—— 子どもの時、欠かさず取り組んでいた練習があれば教えてください。

岡本　小学生のころは、兄に厳しく指導を受けていました。3年生の時は毎日300本、4年生からは毎日500本の素振りをしていました。その時ワキが開かないように、手袋を挟んだり、体にチューブを巻いたりしたこともありました。当時は嫌々でしたが、今となってみれば、毎日の素振りがあったからこそ、プロ野球選手になれるまでになったのかと思います。

—— 最後に、子どもたちにメッセージをお願いします。

岡本　僕は、先輩に負けたくないとか、チャンスで回ってきたら絶対に打ってやるとか、強い気持ちを持つことを大切にしてきました。それは今でも変わっていません。自分を奮い立たせるためにも、強い精神力で練習に取り組んでもらえればと思います。

> **インタビュアーのひと言**
> 2年目の選手とは思えない落ち着いた感じで打撃理論を語る一方、時折見せる笑顔が十代らしい気持のよい笑顔で、これからどんな選手に成長するのか楽しみになりました。

38 岡本和真
Kazuma OKAMOTO

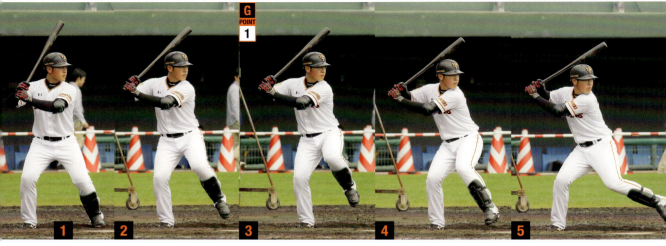

G POINT 1

背筋を伸ばした構えから足を上げて行く。　　　　軸足に重心を乗せたままステップする。

1　2　3　4　5

両腕を伸ばしてしっかり振り切る。　　　　ボールに最短距離でバットを出す。

9　8　7　6

期待感あふれる力強いバッティングフォーム

　"おおもの" "豪快" など、若手らしくない形容詞が
つく、ドラ1・岡本。プロ1年目の2015年シーズンで
一軍を経験。ルーキーにありがちな、気持ちで負け
てストレートの初球を見逃すことなく、しっかりバ
ットが振れていたところにもおおもの感が出ていた。

　そんな岡本は、柔軟性のあるバッティングフォ
ームの持ち主。トップの位置が安定しており、頭
の位置が大きくぶれないので、しっかり体重移動
ができている。また、右ワキをしっかり締めてス
イングを始動しているので、バットが体の内側か

※G POINT1〜4はP44〜45へ

軸を意識して回転する。　　　　　　　　強いインパクトで、多少詰まってもヒットゾーンに飛ぶ。

下半身の粘りで、体の開きをぎりぎりまで抑える。

ら出てきており、プラス天性の力強さもあるので、少々詰まってもヒットゾーンに打球は落ちるのだ。また、下半身を意識したスイングで間を取るのがうまく、多少のタイミングのズレを微調整できているのも岡本の特徴だ。

トップを深く取って
ボールを引きつける!

軸足

G POINT 1

G POINT 2

Check Out 技術アップのために

**強い気持ちを
持つことが大事**

「負けたくない！」「絶対に打って
やる！」といった強い気持ちを持
って練習などに取り組むことが、
今後の成長につながります。

軸で回転することを
意識して、バットを
体の内側から
しなるように出す！

軸の回転を使って
バットを
最短距離で出し
強いインパクトを
つくる！

回転軸

G
POINT
3

G
POINT
4

40 加藤 健
Ken KATOH

Profile

Ken KATOH

投打	右投右打
身長	186cm
体重	93kg
生年月日	1981年3月23日
出身	新潟県

新発田農高からドラフト3位で1999年入団。

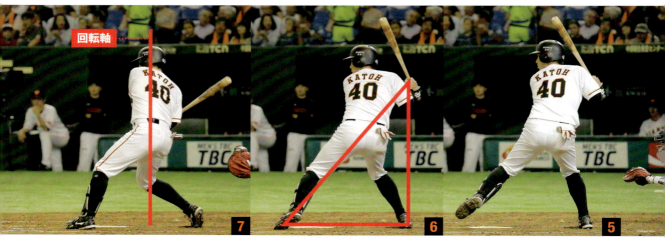

回転軸

トップをしっかりつくり、最短距離でバットを出す。

体の軸を一定に腰からしっかりと回転させる

　恵まれた体格を持つ加藤だが、スイングはコンパクトで、打席の立ち位置はオープンスタンス。これはボールをできるだけ長く見て、よりインコースを見きわめようとしているからだ。オープンスタンスは、内角のボールが苦手な打者には有効的な打撃フォーム。また、バットの位置が低く、上からたたくのではなく、最短距離でバットを出して正面からバットをぶつけることで、強い打球を狙っている。中距離タイプのバッターに適したフォームだろう。

　少年野球の場合は、フライがヒットになる可能性が高いとされていることもあるが、プロの世界では、ヒットになる可能性が高いのは鋭い打球。加藤のようにスイングをコンパクトに体の軸を一定にし、腕だけで振るのではなく、腰の回転をしっかり使ってスイングすることで、鋭い打球を打つことができるのだ。

インパクト後はしっかりフォローする。

バット位置を低くして、最短距離で正面からバットをぶつける

START

4　3　2　軸足　1

軸足に少し重心を乗せたオープンスタンスで構える。

体の軸を一定にして腰の回転を使ってしっかりスイング！

9　8

Profile	投打	右投右打
Taishi OHTA	身長	188cm
	体重	95kg
	生年月日	1990年6月9日
	出身	広島県

東海大相模高からドラフト1位で2009年入団。

右ヒジを締めるようにして
ボールを最短距離でたたく!

回転軸

頭を動かさないで
しっかり
回転して打つ!

6　5　4

9　8　7

最後までしっかり振り切ってから走り出す。

恵まれた体格を生かした力強い
スイングに確実性もプラス

STAR

トップの位置を
しっかり
固定する！

軸足

2   1

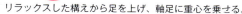

リラックスした構えから足を上げ、軸足に重心を乗せる。

3

コンパクトなフォームながら力強いスイングでボールを飛ばす

　巨人ファンが熱い期待を寄せる、パワーヒッター・大田泰示。ここ数年は打撃フォーム改造に着手しており、現在はコンパクトなフォームで本塁打よりもヒット狙いの確実性にポイントをおいている印象だ。トップの位置をしっかりと固定し、そこから体を使ってしっかり振ることができている。そしてコンパクトな打撃フォームながらも恵まれた体格を生かし、力強いスイングで、芯に当たれ

ば本塁打も打つことができる。

　現状の課題は、力むことで左肩が開いてしまい、力がうまくボールに伝わらないことだろう。肩が開いてしまうとどうしてもヒジが伸びてしまい、力をボールに伝えることができない。ボールを肩越しで見ることに意識して、最後まで肩を開かないようにして打つことが今後の課題になってくるだろう。

61 和田 恋
Ren WADA

Profile

Ren
WADA

投打	右投右打
身長	180cm
体重	84kg
生年月日	1995年9月26日
出身	高知県

高知高からドラフト2位
で2014年入団。

体重を後ろに残して
腰の回転で強打を放つ

　足を大きく上げて、ダイナミックなスイングから鋭い打球を飛ばす和田恋。強いリスト（手首）を生かしたスイングで逆方向に強い打球が打てる。一軍は未出場ながら、高校通算55発と潜在能力は高く、未来のジャイアンツをになう候補のひとりだ。

　バッティングフォームは、やや足を広めに開いて構え、体重を後ろに残して腰の回転をしっかりと使ってフルスイングしている。頭の位置が固定することで体が前に突っ込むこともないので、回転軸もぶれずに鋭く回転して力をバットに伝えることできている。しかし、ステップを広めに取り体重移動を少なくするフォームは、どうしても差し込まれるケースが多くなってしまう。そうならないためにもスイングスピードを上げることが当面の課題となりそうだ。

G POINT 1

足を大きく上げて
軸足一本で
ぶれずに立つ！

START

G POINT 1

1　2　3　4

やや足を広めに開いて構える。

回転軸

ダイナミックなスイングをする
潜在能力が高い大型野手

下半身を使った
大きなフォローで
最後まで振り切る!

回転軸をぶらすこと
なく鋭く回転して
ためた力を
ボールにぶつける!

G POINT 2

G POINT 3

G POINT 2

G POINT 3

5

6

7

腰の回転を使って鋭くスイングする。

PART 2

バッティング・左打者

ジャイアンツには強力な左打者がそろっている。球界を代表するスラッガー、ヒットを量産するトップバッター、勝負強いベテラン。そこに俊足巧打の若手、長打力がウリの大砲が加わったラインアップは、小技から大技までバリエーション豊か。打線のカギとなる選手ばかりだ。

＊本文中の「軸足」「トップ」「インパクト」などの用語は、P6〜7の「用語解説」で詳しく解説しています

LEFT-HANDED HITTERS

10 阿部慎之助
Shinnosuke ABE

Type 特徴

長年チームを支えてきた
圧倒的な存在感を放つ
攻守の大黒柱

Profile

Shinnosuke ABE

投打	右投左打
身長	180cm
体重	97kg
生年月日	1979年3月20日
出身	千葉県

中央大からドラフト1位
で2001年入団。首位打者
(12)、最多打点者(12)、最
高出塁率(12)、最優秀選
手(12)、ベストナイン
(02、07〜14)、ゴールデ
ングラブ(02、08、13、
14)、正力松太郎賞(12)

トップを意識して確実性を上げていく

—— バッティングフォームでいちばん意識している点を教えてください。

阿部　今年（2016年）に関しては、特にトップの位置は意識していますね。下半身をしっかりして、背筋を伸ばすというのは当然として、いつでも打ちにいけますよという時間を少しでも長く取れるように心がけています。

—— 2016年の春季キャンプで臨時コーチを務めた松井秀喜さんからはどんなアドバイスを？

阿部　トップのつくり方の話をさせてもらったんですけど、松井さん自身もその意識を持って練習に取り組んでいた時期があったといっていました。あれだけ実績を残した方も、同じことに直面したことがわかっただけでも成果があったと思います。もちろん、松井さん以外のコーチや監督などのアドバイスも聞いて、バッティングの確実性を上げていきたいですね。

—— バッティングについて毎年微調整を行っていると思います。注意点は？

阿部　長年、プレーをしていればいろんな違いが出てくると思います。その中で、その年の自分の状態にあったフィーリングなり、ルーティンを早く見つけられるかが大事。体の状態や調子も違ってきますから、毎年同じというわけにはいかない。自分に合ったものを早く見つけ、反復練習をたくさんして体に覚えさせる。簡単にできることではないのですが、そういう意識で取り組まなければダメだと思っています。

反対方向へ打つ意識を養えた子ども時代

—— 学生時代にどんな練習をしていたか教えてください。

阿部　父親にいわれたこともあり、バッティング練習のときは反対方向に打つようにしていました。バッティングセンターとかに行くこともありましたが、そこでも意識は反対方向でしたね。当時は、いわれるがままに打っていた部分もありますが、プロに入ってから、ボールを長く見る時間を養うという意味でも大事だったことに気づきました。

—— 指導者のアドバイスで印象に残っている言葉は？

阿部　大学生の時にOBの方からいわれた"下半身で打つイメージを大切にしろ"ということですかね。バットは後からついてくるのだから、土台をしっかりつくれと口酸っぱくいわれたことは覚えています。基本的なことなんですけど、意識を持っていないと上半身の力に頼ったバッティングになる。それだといいヒットの確率は低くなりますから。

数をこなすことより、イメージを持つこと

—— 最後に、子どもたちにメッセージをお願いします。

阿部　毎日の練習を続けることが大事だと思います。人間ですから、練習をやりたくないと思う時があるかもしれない。でも野球が好きだったら、続けて練習すること。後に力となるわけですからがんばってほしい。それと、練習をする時はイメージを持って取り組むといいと思います。素振りも数をこなすだけじゃなくて、自分で強く振れたというイメージを大事にしてもらいたい。少ない数だったとしても、考えてイメージを重視するほうが大事だと僕は思いますね。

> インタビュアーのひと言
> インタビュー時にバットを持って構えたポーズをお願いしたのですが、その時の阿部選手の迫力が忘れられません。ひと回り大きく見えるほどの圧倒的な迫力でした。

軸足を蹴って最後までしっかり振り切る。

回転軸をぶらさずにスイングする。

上半身の力強さを生かした打撃フォーム

近年は打撃フォームに何度も修正を加えるなど試行錯誤しているが、現在は足でタイミングを計り、バットを上部に構え、腕の力も使い上からたたくタイプ。足を大きく上げた時に軸足に体重が乗り、体の回転と腕の力で引っぱたいている。もともと上半身の力が強いので、多少詰まってもヒットにできていることも、阿部の強みだろう。ま

た、ボールをより見きわめるためにインステップにしており、ボールを引きつけて逆方向に打つこともできている。

2015年シーズンより捕手から一塁手になり、2016年シーズンより再び捕手登録となった阿部。ホームランへの意識は残しつつも打率を求め、体がくずれようが当てに行くようになった。

START

下半身で打つというイメージを持つ。

※G POINT1〜4の解説はP58〜59へ

START

G
POINT
2

G
POINT
1

| 5 | 4 | 3 | 2 | 1 |

軸足に体重を乗せて、トップを意識する。　　　　　　　　　　　　　　　　　　　　　　背筋を真っすぐ伸ばした姿勢。

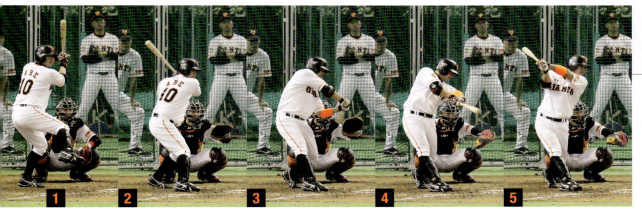

| 1 | 2 | 3 | 4 | 5 |

足を上げて軸足に重心をしっかり乗せる。　　　　　　　　　ボールを長く見る時間を養う意味でも反対方向に打つ意識を持つ。

| 6 | 7 | 8 | 9 |

インステップで踏み込み、ボールを引きつけて逆方向に強い打球を飛ばす。

10 阿部慎之助
Shinnosuke ABE

両腕をしっかり伸ばして
軸足を蹴って
速く強く振り抜く!

下半身を意識した
重心移動で、回転軸を
ぶらさずに腰の回転を
使って鋭くスイング!

回転軸

G POINT 4

G POINT 3

下半身を意識して
背筋を真っすぐ伸ばして
バットを上部に構える!

足を上げて
軸足にしっかり
重心を乗せる!

軸足

G
POINT
2

G
POINT
1

5 ギャレット・ジョーンズ
Garrett JONES

START

1

2 軸足 **3** **4**

軸足にしっかり重心を乗せる。

広めのスタンスで
バットを
肩ラインに構える!

8

重心を軸足に残してバットを強振する

2016年シーズンの大型補強としてやってきた、メジャー通算122発の大砲ギャレット・ジョーンズ。196cmの長身を生かして、ライトスタンドに打球を放り込むプルヒッター(右打者ならレフト方向、左打者ならライト方向に引っ張るのが得意な打者)だ。逆方向への意識が徹底されており、バットを振り切るので強い打球を打つことができている。

フォームは広めのスタンスで肩のラインにバット

を構え、アッパー気味のスイングで強く振り切っている。下からボールをすくい上げるようなスイングは打球が上がりやすく、ボールの下にバットが入るため、ボールに上へと回転していくスピンがかかり打球が伸びていくのだ。アッパースイングは一般的にはバットが遠回りになり、ボールを見きわめる時間が短くなるとされているが、ギャレットは軸足に重心を残してスイングしているので、差し込まれることなく打つことができている。

Profile		
Garrett JONES	投打	左投左打
	身長	196cm
	体重	107kg
	生年月日	1981年6月21日
	出身	アメリカ

アンドリュー高から1999年ブレーブス入団。ヤンキースなどを経て、2016年ジャイアンツ入団。

大柄な体型を生かしたプルヒッター チーム期待の左の大砲

PART 2

バッティング・左打者

ギャレット・ジョーンズ

5

6

> ステップしてしっかりしたトップをつくる!

7

> 軸をぶらさずに回転して、アッパー気味のスイングで強く振り切る!

> 両腕を伸ばして軸足を蹴りながらしっかりフォロースルー!

回転軸

9

10

9 亀井善行
Yoshiyuki KAMEI

Profile		
Yoshiyuki KAMEI	投打　右投左打	中央大からドラフト4位で
	身長　178cm	2005年入団。ゴールデング
	体重　82kg	ラブ(09)
	生年月日　1982年7月28日	
	出身　奈良県	

軸をぶらさずに回転して、重心を乗せてしっかり振り切る!

回転軸

しっかりとフォロースルーを取る。

トップの位置を固定した、どんなボールにも対応できる安定したスイング

START

トップの位置を
固定して、軸足に
しっかり重心を乗せる!

3

軸足

2 **1**

背筋をピンと伸ばした安定した構え。

お手本にするべき理想的なフォームの持ち主

　亀井の打撃フォームの特徴は、とにかくきれいでムダがないこと。背筋をピンと伸ばして、トップの位置を固定。最短距離の軌道を描くムダのない安定したスイングから、重心を乗せてしっかりと振り切る。インコースを打つ時のヒジの抜き方も理想的。軸足にしっかりと重心を乗せることで、体の軸がぶれないことを意識している。軸がぶれてしまうと目線がぶれてしまい、ミート率や飛距離も落ちてしまうからだ。

　また、トップの位置を固定しているのでどんなボールにも対応して、広角に打つことができている。

　近年はケガの影響からか打撃フォームの改造をくり返していた印象があるが、現在は固定。2014年にはケガから遅れて復帰したのにも関わらず、交流戦でMVPを獲得するなど、チーム屈指の勝負強さの持ち主でもある。このメンタルの強さもぜひお手本にしてほしい。

31 松本哲也
Tetsuya MATSUMOTO

Profile	投打	左投左打
Tetsuya MATSUMOTO	身長	168cm
	体重	66kg
	生年月日	1984年7月3日
	出身	山梨県

専修大から育成ドラフト3位で2007年入団、同年途中選手登録。最優秀新人(09)、ゴールデングラブ(09)。

ボールを手元ぎりぎりまで引きつけて、ヒジをしっかりたたんで打つ!

ボールに対してバットを水平に出して強く振り抜く!

ボールに振り負けないようにしっかり振り抜く。

水平に強くバットを振り抜き、内野に強い打球を打つ

足を曲げて重心を低くした安定感ある構え!

START

回転軸

軸足

G POINT 2

G POINT 1

START

しっかりとバットを振り抜く意識を持つ

　粘り強く、小技や足を使い相手投手を揺さぶることができる松本。彼のスイングにはボールに振り負けないようにしっかり振ろうという意識が表れている。

　打撃フォームは足をしっかり曲げて重心を低くして構えて、ボールに対して水平に強くバットを振り抜いて重心をボールに重ねている。このフォームだと、内野に強い打球を打つことができるのだ。また、ボールを手元ぎりぎりまで引きつけてから打っているので、しっかりと見きわめることもできている。

　身長168cm、体重も60kg台と、プロ野球選手の中では小柄なので、彼の打撃フォームは成長中の野球少年にピッタリだろう。松本のように、ボールに振り負けないようにしっかり振ろうという意識を持つことは非常に大切なことなので、ぜひ参考にしてもらいたい。

3　　2　　1

G POINT 1

足を上げて軸足に重心を乗せる。

65

32 橋本 到
Itaru HASHIMOTO

Profile	投打	右投左打	仙台育英高からドラフト
Itaru HASHIMOTO	身長	172cm	4位で2009年入団。
	体重	78kg	
	生年月日	1990年4月28日	
	出身	宮城県	

1 前足をやや引いたオープンスタンス。

**バットを寝かすことで
スイングが
スムーズになる!**

2

軸足

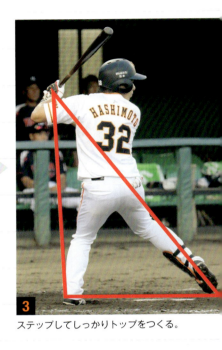

3 ステップしてしっかりトップをつくる。

パワーを秘めたオールラウンダー

　走攻守のすべてが優れている、高い総合力を持つ橋本。小柄ながら長打力のあるタイプだ。打撃フォームはバットを低く構え、すり足でボールを引きつけて水平にバットを出している。低く構えてすり足打法をする選手は、一般的にホームランバッターが多い。橋本はそれに加えて、前足をやや引いたオープンスタンス気味に立っているので、ボールを長く見られることができ、コースを見きわめることができている。また、トップの位置でバットを寝かしていることで、よりスイングがスムーズになり、どのボールにも対応できる、つまり広角に打つことができているのだ。ヒットでつなぐだけではなく一発を放つこともできるパンチ力に、課題である確実性を上げれば、目標に挙げている「一軍定着」はもちろん、レギュラーの座もつかめるはずだ。

走攻守の高い技術を備えるオールラウンダー

ワキを締めて最短距離でコンタクトする。

ボールを引きつけて
バットを水平に
出してスイング!

しっかり最後まで振り切るフォロー。

42 レスリー・アンダーソン
Leslie ANDERSON

ぎりぎりまでボールを見きわめて、鋭い回転でボールを押し込む!

回転軸

軸足を蹴るようにして最後まで振り切る。

START

足を大きく上げるが、軸足はぶれない。　　両腕をしっかり伸ばした大きなフォロー。

Type　特徴

独特な構えから
強い打球を飛ばす

START

タイミングを取るためにグリップを上下させる。

オープンスタンスで肩ラインにバットを構える。

軸足

3　　2　　1

鋭い回転を使って、どんなボールにも対応

　日本の野球になじみ、2014年に第79代の4番打者に任命された実績の持ち主・アンダーソン。彼はクセがある独特なバッティングフォームをしていて、ボール球でもスタンドに運ぶこともある。打撃フォームの特徴はトップの時にバットが上にヒッチすること（タイミングを取るためにグリップを上下すること）。オープンスタンスで肩のラインにバットを構えるが、上にヒッチし

ているので、上からたたくようにバットを振り下ろしている。そして足を大きく上げて、回転力を使いボールを押し込む。詰まりながらもヒットを打てる印象があるが、それはミートポイントが非常に後ろにあるからだ。ぎりぎりまでボールを見きわめることができて、見送ることも対応できている。また鋭い回転を使って、たとえ詰まっていてもヒットゾーンにはじき返すことができるのだ。

69

重信慎之介
Shinnosuke SHIGENOBU

Profile		
Shinnosuke SHIGENOBU	投打	右投左打
	身長	170cm
	体重	70kg
	生年月日	1993年4月17日
	出身	千葉県

早稲田大からドラフト2位で2016年入団。

START

1
2　軸足
3
4

重心を低くした構え。　　　　　　　　　　　軸足に重心を乗せてステップする。

しっかりと見きわめ、
最短距離でバットを出す

　高い走塁技術を持つ重信慎之介。足はもちろん、シュアなバッティングにも注目が集まっている2015年ドラフト2位の選手だ。

　打撃フォームは、大学の先輩でもある青木宣親（あおき のりちか）（MLB・マリナーズ）を彷彿（ほうふつ）させるような、重心を低く構え、バットも指2本分短く持ってコンパクトにバットを振っている。内側から最短距離でバットを出す意識がしっかりと持てているので、変化球で体勢をくずされても対応できている。最短距離でバットが出ると、ボールを手元ぎりぎりまで引きつけてから打てるので、しっかりと見きわめることができるのだ。

　また、タイミングを合わせる能力に長（た）けており、ボールを迎えにいくようなスイングになっていないので、打ち損じが少ない。

　そして、重信の特筆（とくひつ）すべき特徴はその走塁能力。50メートル5秒7の足に加え、判断能力にも優れている。大学時代は相手投手のクセを観察するなど、努力も重ねて今の技術を手に入れた。その努力とひとつでも先の塁を狙う姿勢は、見習うべきポイントだ。

8　7

スライディング体勢に入る。

14　13

抜群に高い走塁能力はもちろん
確実性の高いバッティングも注目

ボールをぎりぎりまで引きつけてコンパクトにスイングする。

しっかり振り切ってから走り出す。

走塁スタート START

前傾姿勢から徐々に体を上げて行く。

右足を強く蹴って腕を振る。

右足を伸ばし、キャッチャーを避けながら左手でベースタッチ。

左足を強く蹴ってスライディング。

51 堂上剛裕
Takehiro DONOUE

Profile
Takehiro DONOUE

投打	右投左打
身長	184cm
体重	90kg
生年月日	1985年5月27日
出身	愛知県

愛工大名電高からドラフト6位で2004年ドラゴンズ入団。育成契約で2015年ジャイアンツ入団、同年選手登録。

START

足を上げてタイミングを取り軸足に重心をしっかり乗せる!

軸足

1

2

懐を広く取ってトップをしっかりつくる!

3

ミートポイントにしっかりとボールを呼び込む

2014年オフに戦力外を経てジャイアンツに育成契約で入団し、開幕前に支配下を勝ち取った堂上。恵まれた体格と巧みなバットコントロールを持ち、全身を使ってフルスイングする姿が印象的な選手だ。彼は懐が広く、自身の呼び込めるポイントを認識していて、ボールを呼び込んでしっかりと打てている。呼び込んで打つことで、ぎりぎりまでボールを見きわめることができ、変化球にも対応できているのだ。以前は上半身が固くなることで、トップの位置が浅くなり、スイングする時に腕やヒジをうまく使うことができていなかった。しかし、現在は下半身主導で回転軸を意識することで、回転を先行させて上半身は脱力した状態でボールを呼び込んでからしっかりとスイングができている。

●写真は2015年シーズン。2016年シーズンから背番号51に変更

2016年シーズンから背番号51に変更。

全身を使ったフルスイングが印象的な左の長距離砲

堂上剛裕

回転軸

ミートポイントまで呼び込んだボールを、回転軸をぶらさずに鋭く回転して打つ!

軸足を蹴るようにして最後までしっかり振り切る!

4　5　6

START

4　3　2　1

センターから左方向にも強い打球が飛ぶ。

58 立岡宗一郎
Soichiro TATEOKA

下半身主導のフォームから強くて鋭い打球を飛ばす

TBC
MEN'S TBC

74

左打者への転向で見えたシンプルな打撃

—— 2015年は月間40安打を記録するなど、飛躍の年になりました。バッティングへの取り組みが身を結んだという実感は？

立岡 2015年の8月は、調子がよかったことに加えて、頭で考えていることと、体の動きが一致してぶれが少なくなったことが大きかったと思います。40本という記録はたまたまだと思いますが、自分の中でも力がついてきたという実感が出たのは確かですね。

—— バッティングで、いちばん気をつけていることを教えてください。

立岡 僕の場合、引っ張ってトップスピンがかかったセカンドゴロという結果が出てしまうバッティングが、いちばんダメな形だと思っています。なので、そうならないような打ち方を意識していますね。そのためには、下半身主導の動きにならなければいけません。だから、トップがこうとか、グリップの握りがどうのといったことは、ほとんど考えないようにしているんです。上半身が力んでしまうと、いい結果が出ることはない。トップは力みのない位置にして、あとは下半身のことだけを頭に置いておく。それが僕にとってはいい考え方なんです。

—— ケガの影響もあり、右打者から左打者へ転向しましたが、右と左で違いなどはありますか？

立岡 僕の中では、違いはわからないんです。高校時代とか、ソフトバンク時代に僕の右打ちの姿を見ている人だと、違っているなと感じるかもしれませんが、自分は必死に左打ちの練習に取り組んでいただけなので、明確なものはないんです。でも左打ちにした時に、右で打っていた時のクセをなくそうという努力はしました。高い確率でヒットを打つには、どうすればいいか。また、自分の足を生かした打球を飛ばすにはどうすればいいか。それを考えると、セカンドゴロを打っているようじゃダメなんです。反対方向への意識を強くして、ショートの頭の上を越す強いライナーを打てるようにする。左へ転向したことで、シンプルな打撃を考えられるようになったのは大きかったですね。

大好きな野球に夢中になってほしい

—— 子どものころはどのような練習を？

立岡 小学生の時は、とにかくホームランを打ちたいという気持ちが強かったので、ボールをバットの芯に当てるために、素振りなどをして振る力を身につけていました。中学生の時は、ピッチャーもやっていたので、打つことだけでなくランニングや持久走などのメニューもこなしていましたね。高校生の時は、野手一本になったので、2kgくらいの長くて重いバットで、山なりのボールを打つ練習もしていました。

—— プロに入ってから生かされていると思いますか？

立岡 自分自身では、一生懸命やっていたつもりなんですけど、プロに入ってからフリーバッティングでボールがフェンスに届かなかったんです。そこでプロの壁を知ることができ、練習への取り組む姿勢が変わりました。そう思えたのは、小学生の時から、大好きな野球の練習を夢中になってやったからこそ。だから、子どもたちにも、とことん野球にのめり込んでほしいですね。

> **インタビュアーのひと言**
> つねに「どうすればいいか？」を考えて練習に取り組む、プロ意識の高い選手。子どもの時から今現在まで「とにかく野球が好き」という気持ちが伝わってきました。

しっかり振り切るフォロー。　　　　　　　　　　　　　回転軸をぶらさずに鋭くスイングする。

下半身の力をしっかり使い踏みとどまれる

　2015年にキャリアハイとなる91試合に出場した立岡。当初は右打ちだったが、巨人移籍後に大ケガをして左打ちに転向している。そんな立岡は、前述した亀井（P62）と同じく、クセがないきれいなフォームの持ち主。背筋を伸ばして、バットを肩の位置で構え、トップから重心をしっかりと乗せて最短距離でバットを出す。トップの位置が固定できていてバットコントロールもあるので、どんなボールにも

対応できて、空振りもあまりしない印象だ。

　そして立岡の特徴は、下半身の粘りがしっかりできていること。下半身の力が強いので、足を上げて打ちにいく動作中（タイミングの「1,2の3」の「2」のところ）で、変化球だとわかれば、しっかりと下半身で粘り、踏みとどまってボールを待つことができている。

　まだ20代の若手選手。これからのジャイアンツ打線になくてはならない存在になりそうだ。

START

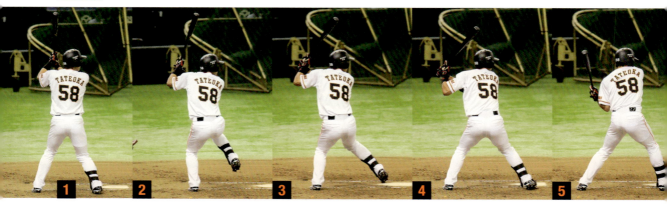

上半身の力みをなくし、下半身の動きを頭においておく。

※G POINT1〜4の解説はP78〜79へ

下半身の動きを意識する。　　　　　　　　　　　　　　　　　　　力みのないリラックスした構え。

ショートの頭上を抜くようなライナー性の打球を意識する。

58 立岡宗一郎
Soichiro TATEOKA

Check Out 技術アップのために

必死になる、夢中になる

子どもの時から大好きな野球の練習を必死に、夢中になってやってきたことで、今の自分があります。好きなうちにとことんやってほしいです。

両腕をしっかり
伸ばして、強くて
鋭い打球を飛ばす!

下半身の粘りを使った
重心移動から回転軸を
ぶらさずにバットを
最短距離で出す!

回転軸

G POINT **4**

G POINT **3**

78

バットを肩の位置においた背筋を伸ばしたリラックスした構え！

足を上げて軸足にしっかり重心を乗せてボールを見きわめる！

PART **2**

バッティング・左打者

立岡宗一郎

G POINT **2**

G POINT **1**

軸足

79

PART 3

ピッチング・先発投手

ジャイアンツの先発投手陣は、リーグ屈指の層の厚さを誇る。右投手と左投手、技巧派とパワータイプ、ベテランと若手。さまざまなタイプの投手がバランスよくそろっていて、試合開始から相手打線を抑えていく。相手チームにとっては脅威の先発投手陣だ。

＊本文中の「トップ」「リリース」「球持ち」などの用語は、P8〜9の「用語解説」で詳しく解説しています

STARTERS

19 菅野智之
Tomoyuki SUGANO

キレのあるボールと抜群の制球力をあわせ持つ先発ローテの中心をになう若きエース右腕

Profile

Tomoyuki SUGANO

投打	右投右打
身長	186cm
体重	92kg
生年月日	1989年10月11日
出身	神奈川県

東海大からドラフト1位で2013年入団。最優秀選手(14)、最優秀防御率投手(14)、ベストナイン(14)

遠投は自分の調子を確認できる練習法

—— 投球フォームの一連の流れでいちばんのポイントは？

菅野　左足を上げた時に軸足でしっかりと立てているか、それだけを意識しています。体重移動はどうしようとか、リリースやフィニッシュの瞬間はこうしようとか、そういうことは一切考えないようにしています。体重移動については、マウンドに傾斜があるので自然とできますから。それよりも、足を上げて軸足で立つことは、動き始めの第1段階なので、そこが決まらないとフィニッシュまでの流れがよくならないんです。あと、一瞬の間でいろんなことを考えすぎてしまうと、バッターへの意識が薄くなってしまう。僕の中では、対バッターという点を重視したいので、余計なことは考えないようにしています。

—— ブルペンでの投球練習では、どんなことに重点を置かれていますか？

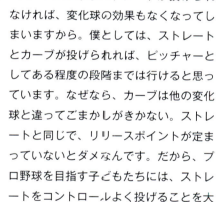

菅野　僕の調子のバロメーターは、ストレートをアウトローにしっかり投げられるかなんです。ブルペンは唯一バッターがいないところなので、自分の調子を把握するには最適な場所。そこで、どうすればいいアウトローのストレートが投げられるかを考えていくと、体が自然に動いていくという感じですね。

—— 投げ込み以外の練習で、昔から取り組んでいるものがあれば教えてください。

菅野　高校生ぐらいからずっとやっているのは遠投です。毎日のキャッチボールの中で、必ず組み込むようにしています。なぜ遠投を大事にしているかというと、ピッチャーとキャッチャーの間は18.44mしかない。そこで、シュート回転をしたボールを投げても、軌道として表れないことがあるんです。でも、

50m、60m、70mと離れていくと、ボールの球筋がはっきりと見えるんです。自分の調子を確認するためにも、いちばんいい練習法ですね。

ストレートをしっかり投げるのが大前提

—— 多彩な球種を操る菅野投手。学生の時から、いろんな球種を投げていましたか？

菅野　僕の場合、器用だったこともあり、いろんな球種を投げることができたんです。もちろん、遊びで投げることもありましたし。でも、あくまでも原点はストレート。キレのあるストレートが投げられなければ、変化球の効果もなくなってしまいますから。僕としては、ストレートとカーブが投げられれば、ピッチャーとしてある程度の段階までは行けると思っています。なぜなら、カーブは他の変化球と違ってごまかしがきかない。ストレートと同じで、リリースポイントが定まっていないとダメなんです。だから、プロ野球を目指す子どもたちには、ストレートをコントロールよく投げることを大前提にしてほしい。それができてから、次のステップに進めばいいのですから。

—— 最後に、子どもたちにメッセージをお願いします。

菅野　野球は、多くの人を喜ばせたり、感動させたりできるスポーツだと思います。僕も子どものころ、初めて野球を見た時にそれを実感することができました。野球をしていれば、プロに入れるチャンスは誰にでもあるので、好きという気持ちを忘れずにいてほしいですね。

> **インタビュアーの ひと言**
> 投球連続写真を見ながら笑顔で話すところから始まり、真剣な表情で投球理論を語る菅野投手。十数分という時間が何倍にも感じられる濃いインタビューでした。

START

足を上げて軸足で立つ、始動の第1段階が重要。　　お尻を先行させた重心移動。

体の開きを抑えた投球フォーム

　球界トップクラスの制球力を持つジャイアンツの若きエース。ノーワインドアップから始動し、背筋（せすじ）を伸ばして真っすぐに立って重心を下げながら、体重移動とともに腕をしっかりと振り切っている。

　菅野のすばらしいところは、とにかく体が開かないこと。リリースの瞬間まで体が開かないので球の出所（でどころ）が見えづらく、打者はタイミングを合わせにくい。さらにお尻（しり）を先行させるヒップファーストで並進運動（へいしんうんどう）（投げる方向に体を動かしていく動作）がしっかりとできているのだ。最初に肩（かた）から出ていく（ショルダーファースト）のではなく、ヒップファーストを意識することで下半身の体重移動がしっかりとできており、上半身へすべての力が伝わっている。菅野のスライダーがあそこまで曲がるのは、体の開きをぎりぎりまで抑えているからだろう。

START

ノーワインドアップから始動し、背筋を伸ばして真っすぐ立つ。

START

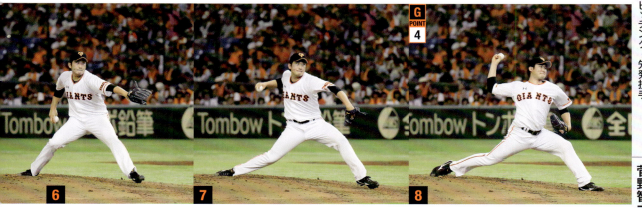

体の開きをぎりぎりまでガマンし、腕を張ってトップをつくる。

下半身のスムーズな重心移動が、キレのあるボールにつながる。　　　　　　　　　体にあたるくらいしっかり振り抜く。

体の開きをぎりぎりまで抑える。リリースの瞬間まで左ヒザは開かない。

余計なことを
考えずに
対バッターという
意識をしっかり持つ!

足を上げて軸足一本で立つ
という投球動作の第1歩が
決まらないと、フィニッシュ
までの流れがよくならない!

お尻を先行させた
ヒップファーストを意識する
ことで、下半身の体重移動が
しっかりできる!

G POINT 1

G POINT 2

G POINT 3

Check Out 技術アップのために

原点は「しっかりしたストレート」

キレのあるストレートをコントロールよく投げることが大事なので、まずはストレートを磨いてほしい。変化球は次のステップ。僕はストレートとカーブを重要視しています。

カーブの握り

スライダーの握り

体の開きをぎりぎりまで抑えることで、球の出所が見えにくくなる!

下半身のスムーズな体重移動で得たパワーをボールにこめるべく鋭く振り抜く!

G POINT 4

G POINT 5

17 大竹 寛
Kan OHTAKE

Profile	投打	右投右打	浦和学院高からドラフト1
Kan	身長	184cm	位で2002年カープ入団。
OHTAKE	体重	92kg	FAで2014年ジャイアンツ
	生年月日	1983年5月21日	入団。
	出身	埼玉県	

勝負球光る、本格派右腕

　2014年よりFA加入した大竹は、150km/h台の速球とキレのあるスライダーとシュートが武器の本格派右腕。特にシュートは曲がり方が大きく、打者がシュートだとわかっていても打てないともいわれている。

　そんな大竹はとてもきれいなお手本にしたいフォームの持ち主だ。背筋をしっかりと伸ばして真っすぐに立った状態からノーワインドアップで投球動作に入り、胸を張って前への重心移動とともに腕をしならせるように振っている。しっかりと重心移動してタメをつくれているので、上体が前に突っ込まずに下半身を使った投球ができているのだ。

　きれいなフォームから放たれたボールはキレ味抜群。変化球ならより打者の近くで変化し、直球であれば実際の速度よりも速く感じるなど、打者は手元で伸びるイメージを抱くことが多く、タイミングを外すことができている。

G POINT 1

G POINT 2

START

1　2　3　4　5　6

ノーワインドアップから足を上げて、軸足に重心を乗せる。

キレのある直球と変化球が武器の本格派

重心移動の際、上体が前に突っ込まないのでしっかりタメをつくれる!

胸を張って下半身をしっかり使ったスムーズな重心移動!

腕をしならせるように振ることでボールにキレが出る!

G POINT 3

G POINT 4

G POINT 3

G POINT 4

7

8

9

10

ためたパワーを一気に放出するように腕を鋭く振り抜く。

18 杉内俊哉
Toshiya SUGIUCHI

Profile		
Toshiya SUGIUCHI	投打 左投左打	社会人・三菱重工長崎からド
	身長 175 cm	ラフト3位で2002年ダイエ
	体重 82kg	ーホークスに入団し、FAで
	生年月日 1980年10月30日	2012年ジャイアンツ入団。
	出身 福岡県	

打者の近くまでリリースを遅らせて、タイミングを外す!

6 5 4

腕が体にあたるぐらいしっかり振り切る。

リリースを遅らせて打者のタイミングを外す

　球界を代表する"ドクターK"こと杉内俊哉。2015年のオフに長年悩まされていた右股関節の手術を敢行して、現在は復帰に向けてリハビリにはげんでいる。痛みと闘いながらの投球だった15年シーズンは、自身のリズムをくずしがちだったが、本来はお手本となる美しいフォームを披露している投手だ。ゆったりとしたフォームから、腕を大きくしならせて鋭く振る。上半身にムダな力が入っていないので重心移動もしっかりとできて、ボールにすべての力が伝わっている。

　また、杉内の最大の特徴は、力まずに腕を振ることでボールを長く持つこと、つまりリリースポイントを打者の近くまで遅らすことができているところ。球持ちがいいと、打者は球速以上の速さを感じることになり、タイミングを外すことが可能になるのだ。

ピッチング・先発投手

杉内俊哉

最高勝率投手(09、10、12)、最優秀防御率投手(05)、最多勝利投手(05)、最多奪三振投手(08、09、12)、最優秀選手(05)、ベストナイン(05)、沢村賞(05)

球持ちのよさで打者の
タイミングをくるわす

START

上半身にムダな力を入れずに、腕を大きくしならせて鋭く振る!

右ヒザはリリースまで開かない!

3　**2**　**1**

ボールを体で隠すようなテイクバックなので、ボールの出所が見えにくい。

START

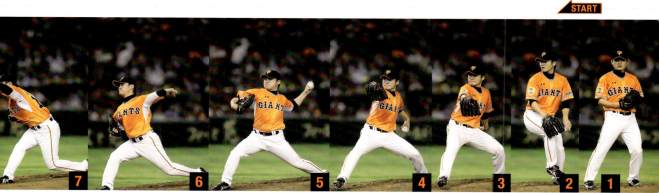

7　**6**　**5**　**4**　**3**　**2**　**1**

ゆったりとしたフォームから腕を鋭く振り抜く。

91

21 桜井俊貴
Toshiki SAKURAI

Profile

Toshiki SAKURAI

投打	右投右打
身長	181cm
体重	82kg
生年月日	1993年10月21日
出身	兵庫県

立命館大からドラフト1位
で2016年入団。

START

1. ワインドアップで始動する。

4. 軸足にしっかり重心を乗せる。

軸足

START

1. 大きな振りかぶりから足を上げて行く。

4. 軸足でしっかりガマンしながらステップする。

軸足

フォームをコントロールして打者のタイミングを外す

2015年ドラフト1位の本格派右腕・桜井俊貴。即戦力と期待されている彼は新人ながら完成された投球フォームの持ち主だ。

近年は少数派となってきているワインドアップで始動し、ゆったりとしたフォームからリリースポイントで腕のしなりを使ってボールを投げ込む。ワインドアップは制球が定まりにくいとされているが、軸がぶれていないので、コントロールにも影響していない。

また、体の開きを遅らせることで、テイクバックから手が体に隠れているのでボールの出所が見えづ

92

打者のタイミングを外すことに長けた
将来性が高い本格派右腕

⑥ ⑦ ⑧ ⑨

グラブを前方に高く上げて、体の突っ込みを抑える。　腕のしなりを使って鋭く振り抜く。

⑥ ⑦ ⑧ ⑨

体の開きを抑えることで、手(ボール)が体に隠れる。　胸を張ってヒジから先をムチのようにしならせながら振る。

らく、打者のタイミングを外すことができている。
さらに緩急を投げ分けてタイミングを外すことに加
え、打者のタイミングを見て、左足の着地のタイミ
ングをコントロールできるという特徴があり、まさ
に打ちづらい、実戦向きの投手だといえるだろう。

Profile	投打	左投左打	社会人・東京ガスからドラフト自由枠で2004年入団。最多勝利投手(07)、最多奪三振投手(07)、ベストナイン(12)、最優秀投手(12)
Tetsuya UTSUMI	身長	186cm	
	体重	95kg	
	生年月日	1982年4月29日	
	出身	京都府	

グラブを前方に出すことによって壁をつくる。

軸足一本で真っすぐ立つ。

腕が体に巻きつくくらいしっかり振り切る。

手元を隠して打者のタイミングをずらす

投手陣の中でだれよりも早く練習場に現われ、だれよりも練習する。その姿を後輩がマネをして、チーム全体にいい影響を与え、取り組む姿勢が変わっていく。2015年シーズンはケガの出遅れが影響し、連続規定投球回到達が9年でストップしてしまったが、内海はジャイアンツ投手陣の精神的支柱であり、チームにとってなくてはならない選手のひとりだ。

彼の投球フォームの特徴は、下半身の粘りがしっかりとつくれていること。ワインドアップで始動し、軸足にしっかりと体重を乗せる。前方へ体重移動するときは、グラブをはめた右手を真っすぐ前方に伸ばすことで体の突っ込みを抑えて、後ろから腕を振り下ろす。下半身の粘りがあるので、上半身の始動を遅らせることに加えて、肩の開きも抑えることができている。このフォームだと打者からは手元が見えにくく、タイミングを計りにくいので打たれにくいのだ。

下半身の"タメ"で
バッターのタイミングを外す

START

| 7 | 6 | 5 | 4 | 3 | 2 | 1 |

ワインドアップで始動し、軸足をプレートにそえる。

| 15 | 14 |

グラブを前方に真っすぐ出すことで体の突っ込みを抑える。

16

下半身の粘りで
上半身の始動を遅らせ
肩の開きを抑える!

39 マイルズ・マイコラス
Miles MIKOLAS

真っすぐな姿勢から始動する。

1

2

3

下半身を意識しながら
重心移動を始める!

上体が前に突っ込まないように
ぎりぎりまで重心を後ろに
残すことを意識する!

下半身に意識を
おくことで身体の
開きが遅くなり
球の出所が
見えにくくなる!

4

5

6

Profile	投打	右投右打
Miles MIKOLAS	身長	196cm
	体重	100kg
	生年月日	1988年8月23日
	出身	アメリカ

ノバサウスイースタン大から2009年パドレスに入団。レンジャーズを経て、2015年ジャイアンツ入団。

速球と変化球を巧みに操る
変幻自在の投球術

キャッチボールをするマイコラス。

下半身を意識したフォームでタイミングを外す

　2015年シーズンよりジャイアンツに加入したマイコラス。外国人の連勝記録に並ぶ11連勝を含むチームトップの13勝をマークするなど好成績を残した。

　そんなマイコラスは196cmの長身ながら投げ下ろすのではなく、スリークォーター気味のフォームをしている。150km/h台の直球とスローカーブを投げ分けているだけでも、打者は的が絞りにくくなり打ちづらいのだが、打者が打ちづらい

ポイントがもうひとつある。それは、打者から見ると左足が着地してから腕が遅れて出てくるので球の出所が見えづらく、タイミングを合わせにくいこと。マイコラスは外国人投手では珍しく下半身を意識した投球フォーム。足を踏み出して体重移動する際に重心を後ろに残すことができていて、上体が前に突っ込まない。下半身に意識をおくことで体の開きが遅く、球の出所が見えにくいフォームとなっている。

左足が着地してから腕が遅れて出てくるので、打者はタイミングが取りづらい。

マイルズ・マイコラス

45 今村信貴
Nobutaka IMAMURA

Profile
Nobutaka IMAMURA

投打	左投左打
身長	180cm
体重	84kg
生年月日	1994年3月15日
出身	大阪府

太成学院大高からドラフト2位で2012年入団。

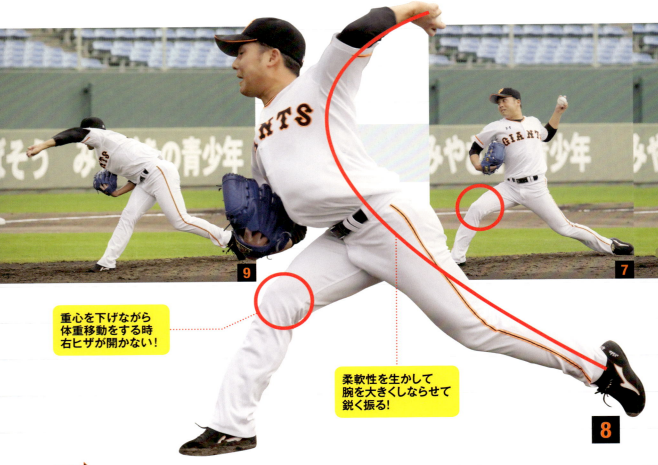

重心を下げながら
体重移動をする時
右ヒザが開かない!

柔軟性を生かして
腕を大きくしならせて
鋭く振る!

9

7

8

START

1　　2　　3　　4　　5

体の開きをぎりぎりまでガマンしているので、打者からボールが見えにくい。

ローテーションの一角を狙う若手注目株

START

| 6 | 5 | 4 | 軸足 3 | 2 | 1 |

重心を下げて体重移動を行う。　　　　　軸足にしっかり重心を乗せる。　　　　始動はゆったりと力まない。

| 6 | 7 |

球持ちがいいので、打者はタイミングを外されやすい。

柔軟性を生かした投球フォーム

　スイング時の腕のしなりなどフォームに柔軟性があり、球持ちのよさが魅力の若手サウスポー。2015年シーズンはフォームが安定せずに一軍未出場に終わったが、潜在能力は高く、ローテーションの一角をになう活躍が期待されている。

　投球フォームの流れは、セットポジションで構え、軸足に体重を乗せて、重心を下げて体重移動を行い、腕を大きくしならせて鋭く振り切る。始動からゆったりと力まないことで、リリース時に力がしっかりとボールに伝わっている。さらに柔軟性を生かして腕を大きくしならせて投げているので、球持ちがよく、打者が差し込まれやすいボールを投げることができているのだ。

　また、リリースまで右ヒザが開かないので、打者からはボールが体に隠れて見えにくい状態をつくり出せている。

49 アーロン・ポレダ
Aaron POREDA

力みのないゆったりとした始動から、グラブを前面に出して壁をつくる。

ゆったりしたフォームから剛速球を放つ

　マイコラスと同じく2015年シーズンよりジャイアンツに加入し、先発ローテーションを1年間守りきったポレダ。長身から角度のある150km/h台のストレートが武器で、右打者に対しては内角に食い込んでくるクロスファイアーを効果的に使っている。スリークォーター気味のフォームをしているのでボールに角度がつき、右打者の内角へ鋭く入っていくのだ。また、全体的に力みのない

ゆったりとしたフォームから放たれる剛速球で、打者はタイミングを合わしにくい。

　これだけの剛速球を投げられる左腕は貴重な存在。クイックやフィールディングが不安視されていたが、抜群の適応能力を見せてシーズン終盤には徐々に解消されつつあった。今後は速球を生かすためにも、スライダーを含めた変化球の精度を上げることが課題となってくるだろう。

スリークォーター気味のフォームなので、ボールに角度がつきやすい。

Profile	投打	左投左打
Aaron POREDA	身長	198cm
	体重	109kg
	生年月日	1986年10月1日
	出身	アメリカ

サンフランシスコ大から2007年ホワイトソックスに入団。レンジャーズなどを経て、2015年ジャイアンツ入団。

長身から投げ下ろすストレートが魅力の剛腕

腕を強く振り抜き全身のパワーをボールに乗せる!

リリースに向けて胸を張り、前方移動をぎりぎりまでガマンする!

5

6

7

8

軸足を強く蹴るが、バランスはくずれない。

54 高木勇人
Hayato TAKAGI

Type 特 徴

独特の軌道を描く
カットボールが武器の
本格派右腕

Profile

Hayato
TAKAGI

投 打	右投右打
身 長	178cm
体 重	90kg
生年月日	1989年7月13日
出 身	三重県

社会人・三菱重工名古屋
からドラフト3位で2015
年入団。

102

ランニングで気持ちを整える

—— 投球フォームを形づくるプロセスで、注意していることは?

高木勇 クセが出ないような投球フォームを心がけています。わかりやすいクセでいえば、グローブを動かさないといったことでしょうか。その他にも、細かいクセがあるのですが、それらが出ないように注意しています。

—— 下半身強化が重要になると思いますが、ランニングなどの練習で気をつけている点は?

高木勇 ウエートトレーニングも重要ですが、僕はランニングを重視しています。ランニングも長い距離だったり、短い距離だったりと、その時の体の状況でいろいろと変えています。僕の中でランニングは、トレーニングという意味もあるんですが、自分の気持ちを整理するための時間で

もあるんです。有酸素運動(ゆうさんそうんどう)として長い距離を走る時に、いろんなことを考えますね。調子が悪く、自分の中でイライラがつのることがあっても、走る間にいろんなことを考えて気持ちを整理できるんです。

—— 球種の投げ方について教えてください。

高木勇 ストレートの握(にぎ)り方、カットボール、スライダー、シュートのボールの抜き方が、他の投手と違うといわれますね。ストレートも、握った時の縫(ぬ)い目に対してまっすぐ線を引いた時、少し斜めになるんです。真っすぐにする人が多いんですが、僕は違うんですよね。個々で違いがあるので、どれが正

しいとはいえませんが。フォークについても、何種類か握りを変えています。投げる瞬間に中指をずらして投げることもありますね。ミわりには独特だといわれるんですが、自分ではまったくそうは思わないんですけどね(笑)。

何事も継続することが大事

—— 子どもたちが練習の際に注意すべきポイントは?

高木勇 決めたことを継続(けいぞく)することだと思います。あきらめずに継続してやること。どんなことでもいいので、自分が決めたことを続けてほしいですね。それが結果につながるんじゃないでしょうか。

—— 高木勇投手が継続されたことは?

高木勇 僕は昔キャッチャーをやっていて、その時の監督やコーチから「プロ野球選手になりたいなら、村田(むらた)(真一(しんいち))コーチのプノーを見て勉強しなさい」といわれたので、それは続けていましたね。キャッチングにしても、リードにしても、バッティングにしても、細かくチェックしてマネをしていました。途中から投手になったので、その時のことが生かされていないかもしれませんが、プロを目指すうえで一流選手の仕草やプレーを見たことは、役に立っていると思います。

> **インタビュアーのひと言**
> インタビュー後、スタッフ全員が「ファンになりそう」と思ったほど親しみやすい雰囲気を持った選手。ボールの握り方や投げ方を話している時の熱心さが印象的でした。

START

G POINT 1　G POINT 2　G POINT 3

1　2　3　4　5　6

リラックスした構えから投球動作スタート。

START

1　2　3　4　5　6

真っすぐ立った姿勢から足を上げて行き、軸足に重心を乗せる。

体の開きを遅らせてリリースポイントを安定させる

　2015年シーズンはルーキーながら開幕ローテーションに入り、堀内恒夫氏以来49年ぶりの快挙となる、5連勝を含む9勝をマークした高木勇。原(辰徳)前監督が命名した「高木ボール(スライダー気味のカットボール)」とフォークボールが武器の本格派右腕だ。

　高木の投球フォームは、テイクバックで腕を小さく折りたたんで、頭部後方に担ぎ上げ、下半身の体重移動とともにスリークォーター気味で押し出すように腕を振っている。テイクバックを小さくすることで体の開きを遅くして、腕のしなりを使いやすくしている。

下半身でしっかり粘って、体が前に突っ込まないようにする。

スリークォーター気味で押し出すように腕を振る。　最後までしっかり振り切る。

　また、しっかりと下半身で粘って体が前に突っ込むのを抑え、肩の開きを遅らすことにより、リリースポイントが安定してくる。リリースポイントが安定することで、直球と多彩な変化球のコンビネーションを駆使して打者のタイミングを外していくことが可能なのだ。

54 高木勇人
Hayato TAKAGI

軸足一本で
真っすぐ立って
重心を乗せる!

グラブを前方に出して
壁をつくり、体が前に
突っ込まないようにする!

腕を小さく
折りたたんだ
テイクバックが
体の開きを
抑えることに
つながる!

ステップ幅を大きく
とることが大きな
重心移動につながる!

G POINT 1

G POINT 2

G POINT 3

Check Out 技術アップのために

一流選手のプレーを見ることも大事

プロを目指すなら、一流選手のプレーなどを細かくチェックしてマネすることは役に立つと思います。僕のストレートとカットボールの握り方がその力になるとうれしいですね。

ストレートの握り

カットボールの握り

体の開きをぎりぎりまで抑えて、胸を張ってトップをつくる!

下半身の粘りが肩の開きを抑えることにつながりリリースポイントが安定する!

重心を左足(前足)にしっかり乗せる!

G
POINT
4

G
POINT
5

59 小山雄輝
Yuki KOYAMA

Profile

Yuki
KOYAMA

投打	右投右打
身長	187cm
体重	82kg
生年月日	1988年12月5日
出身	愛知県

天理大からドラフト4位で2011年入団。

お尻を先行させた動作で軸足に乗っていた体重を踏み出した足に乗せる!

体が前に突っ込まないようにグラブで壁をつくるイメージ!

G POINT 1   軸足

G POINT 2

G POINT 3

START

G POINT 1

G POINT 2

1 2 3 4 5 6

真っすぐに背筋を伸ばして足を上げる。

スムーズな重心移動から角度のある球を投げ下ろす

腕をしならせるようにして
スムーズな重心移動で
得たパワーを
ボールにこめる!

G
POINT
4

ややインステップ
気味に着地して
体の開きを抑える!

小山雄輝

長身を生かして
角度のある球を投げ込む

　187cmの長身を生かして、オーバースローで角度のついたボールを投げ下ろす小山。決め球に2種類のフォークを投げ分ける本格派右腕だ。彼はきれいなフォームの持ち主で、ワインドアップで始動し、真っすぐに背筋を伸ばして足を上げ、体重をしっかりと軸足に乗せて体重移動とともに腕をしなるように振り下ろしている。

　小山のお手本にしてましいポイントは、ヒップファースト(お尻を先行させた投球動作)で並進運動(軸足に乗っていた体重を踏み出した足に移す重心移動)がしっかりとできているところだ。ムダのない並進運動によって下半身の力がしっかりと上半身に伝わり、腕のしなりをうまく使うことができている。

　また、ややインステップ気味に着地しているので、上半身が突っ込まず、体の開きを抑えることができているのだ。

G
POINT
3

G
POINT
4

7

8

9

10

真上から角度のついたボールを投げ下ろすように腕を強く振る。

90 田口麗斗
Kazuto TAGUCHI

Profile

投打	左投左打
身長	171cm
体重	80kg
生年月日	1995年9月14日
出身	広島県

広島新庄高からドラフト3位で2014年入団。

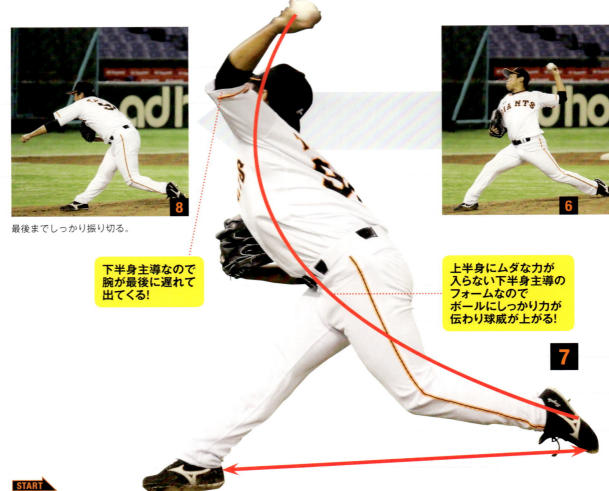

最後までしっかり振り切る。

下半身主導なので腕が最後に遅れて出てくる!

上半身にムダな力が入らない下半身主導のフォームなのでボールにしっかり力が伝わり球威が上がる!

START

足を上げる際に軸足のかかとも上げて、身体の反動を使って重心移動する。

小柄ながら下半身主導の力強い投球

Type　特徴

PART
3

ピッチング・先発投手

田口麗斗

START

軸足

2

5 グラブを前に出して壁をつくりながら大きくステップする。

4

3

1 ノーワインドアップから足を上げる。

下半身主導のピッチングで力強い球を投げる

　小柄(こがら)ながら力強いボールを投げるプロ3年目の若手サウスポー。田口はかかとを上げて下半身をしっかり使って投げるタイプだ。ノーワインドアップから足を上げると同時に軸足(じくあし)のかかとを上げているので、前に重心移動する際に体の反動を使って、その勢いで腕(うで)を振っている。さらに踏み出しが大きいのも下半身の力をしっかりと使おうとする意識からだろう。

　下半身主導で投げているので、腕が最後に遅れて出てきており、打者はタイミングを合わせにくかったり、ボールが実際の球速以上に感じてしまうのだ。

　下半身主導のピッチングで意識してほしい点は、上半身の力を抜くこと。上半身に力が入った状態だと、下半身の力がしっかりと伝わらずに球威(きゅうい)も落ちてしまうので注意してほしい。

6　7　8　9

ステップ幅を大きくすることが大きな重心移動につながる。

PART 4

ピッチング・救援投手

ジャイアンツには、先発投手陣と同じくらい強力な中継ぎ投手陣がそろう。中継ぎ、セットアップ、クローザーという役割はもちろん、ロングリリーフなどもこなすリーグ屈指の層の厚さ。自分の仕事をきっちりこなす強固なブルペンは、リーグ制覇、日本一を狙うチームにとって欠かせない存在だ。

＊本文中の「トップ」「リリース」「球持ち」などの用語は、P8〜9の「用語解説」で詳しく解説しています

BULLPEN

47 山口鉄也
Tetsuya YAMAGUCHI

打者のタイミングを外す
2つの強みを持つ
鉄人セットアッパー

Profile

Tetsuya YAMAGUCHI

投打	左投左打
身長	184cm
体重	88kg
生年月日	1983年11月11日
出身	神奈川県

ミズーラ・オスプレイ(アメリカ・ルーキーリーグ)から育成ドラフト1位で2006年入団、2007年途中選手登録。最優秀新人(08)、最優秀中継ぎ投手(09、12、13)

股関節へ体重が乗ったことを意識

―― セットアッパーとして、マウンドへ上がる時の心境は？

山口　マウンドへ上がる前は、打たれたらどうしようという、マイナスのイメージを抱いてしまうことが多いんです。でも、マウンドへ行き投球練習をして内野手の人たちが声をかけてくれると、気持ちが切り替わってネガティブな考えは一切なくなります。

―― メンタル強化のために何かやっていることは？

山口　メンタル強化のために、何かをやっていることはありません。ただ、失敗して強くなっていくということは実感しています。大事な場面で打たれてしまったことで、次は絶対に抑えてやるという気持ちがわいてきますから。登板した試合は、すべて抑えるという気持ちですが、打たれてしまうこともあります。その経験を、次にどう生かしていくかでも、メンタル面はきたえられるのではないかと思っています。

―― 投球フォームで、いちばん注意しているポイントを教えてください。

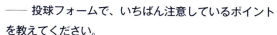

山口　自分の中では、投げ急がないことを意識しています。そのためには、リズムとバランスとタイミングがそろわなければいけません。その３つを整えるためにも、構えて足を上げた時に、しっかり立っているかということは常に頭においています。立った時に、軸足である左の股関節に体重が乗ったことを確認することで、それ以降の動作がスムーズになりバランスもくずれることはないんです。あと、僕の場合、その日の状態でボールの握り方だったり、腕の使い方だったりを微妙に変えているので、ブルペンではその確認をおこたらないようにしていますね。

ランニングで効果的に下半身をきたえる

―― ブルペンでの投球以外で、山口投手が大切にしている練習方法は？

山口　コントロールをよくするためには、下半身強化がいちばんだと思いますので、ランニングは重要なのではないでしょうか。下半身がしっかりしていれば、少し疲れていてもいいボールが投げられますから。あとは、遠投も大切だと思います。球の速い選手を見ていると、遠投にこだわっている人が多いんです。澤村（→P120）なんかは、遠投に力を入れているみたいですからね。そういう姿を見ていると、球の速さと遠投の距離は比例するのかなと思いますね。

―― 子どものころに行っていた練習で、現在役に立っていると思うことは？

山口　野球の練習ではないのですが、水泳をやっていたことで、肩の可動域が広がり、柔軟性もついたのかと思います。筋力アップにも効果があると思うので、まだまだ体ができてない小学生や中学生には、水泳はおすすめかもしれませんね。

―― プロ入り前に、指導者からのアドバイスで印象に残っていることを教えてください。

山口　中学校の野球部の監督からは、徹底して基礎をたたき込まれたと思います。プロで長年プレーできているのも、中学時代に基礎をしっかりと教えてくれた監督のおかげだと思っています。

> **インタビュアーのひと言**
> 投球フォームやメンタル面などを話している時の真剣な表情と、時折みせる笑顔とのギャップが印象的。終始和やかな雰囲気でした。

START

1　2　3　4　5　6

真っすぐ立った姿勢からノーワインドアップで始動する。

軸足にしっかり重心を乗せる。

ボールとフォームで打者のタイミングを外す

　2015年シーズン終了時点で、8年連続60試合登板と、日本プロ野球記録となる通算251ホールドの記録を持つ鉄人セットアッパー・山口。キレのよいストレートと多彩な変化球を高いレベルで操る山口だが、常勝チームを支え続けられた要因はフォームにもあるのだ。

　彼のフォームは、踏み出した右足が着地するまで体の開きを抑えて、トップの位置に左腕がきた時に重心を前方に移動して、一気に腕のしなりを使って鋭く振り切っている。体の開きを遅らせることで、テイクバックから手が頭に隠れているのでボールの出所が打者から見えづらく、さらにリリースをできるだけ打者に近いところで離すように意識しているので球持ちもよい。打者から見るとボールの緩急だけではなく、フォームでもタイミングが合わせにくいので、長年打者を抑えることができているのだ。

10　9　8　7

打者に近いところでリリースするので、打者はタイミングが合わせにくい。

※G POINT 1〜4の解説はP118〜119へ

7 **8** G POINT **2** **9** **10**

体の開きをぎりぎりまで抑える。　　　　右足が着地したら重心を前方に移動する。

G POINT **3** G POINT **4** **11** **12** **13**

腕のしなりを使って鋭く振り抜く。

▶ **START**

6 **5** **4** **3** **2** **1**

ステップした右足が着地するまで、体の開きを抑える。

軸足一本で真っすぐ
立って、左の股関節に
体重が乗ったことを
確認する!

下半身の粘りで体の開きを
抑えることで、テイクバックから
手が頭の後ろに隠れて
ボールの出所がわかりづらい!

G POINT 1

G POINT 2

G POINT 3

スライダーの握り方　シュートの握り方

山口鉄也

着地した右足にしっかり
重心を乗せて
腕のしなりを使って
一気に振り抜く!

できるだけ
打者に近い
ところでリリース!

G
POINT
4

澤村拓一
Hirokazu SAWAMURA

Profile

Hirokazu SAWAMURA

投打	右投右打
身長	184cm
体重	101kg
生年月日	1988年4月3日
出身	栃木県

中央大からドラフト1位で2011年入団。最優秀新人(11年)

START

1　2　3　4　5

真っすぐ立った姿勢から足を上げていく。

脱力することで力がボールに伝わる

　2015年シーズンは、リーグ4位の36セーブを挙げて防御率1.32とクローザーとしての地位を確立した澤村。ゆったりとしたフォームからグイッと投げ込む速球派だ。重心をしっかりと軸足に乗せて、初動から力まずに徐々に力を集めるイメージで前に体重を移動させながら、一気に腕を振り下ろす。テイクバックからトップまでムダな力が入っていないので、ボールにしっかりと力が伝わっており、あれだけの速球を投げることができている。

　しかし、どうしても疲れがたまってしまうとヒジが下がってしまい、真っすぐがシュート回転してしまうことがある。直球がシュート回転してしまうと真ん中にボールがいってしまい、抑えでは絶対に避けなければいけないホームランを打たれる可能性が上がってしまうのだ。トップの腕の位置の時にヒジを高く上げるようにしっかりとした意識づけが必要だろう。

軸足にしっかり重心を乗せて力まずに徐々に力を集めるイメージで体重移動!

ムダな力が入っていないため、ボールにしっかり力が伝わる!

10

守護神としての地位を確立した
リーグ屈指の速球派

6　7　8　9

スムーズな体重移動。

11

ためたパワーを
一気に放出する
ように鋭く振り抜く!

12

13　14　15

ワインドアップから軸足にしっかりと重心を乗せて足を上げる。目線は目標のグラブから外さない。

軸足

軸足にためた
パワーを一気に
前足に移動させて
腕をしならせる
ように鋭く振る!

Profile	投打	右投右打
Scott MATHIESON	身長	191cm
	体重	104kg
	生年月日	1984年2月27日
	出身	カナダ

アルダーグローブコミュニティ高から2002年フィリーズに入団し、2012年ジャイアンツ入団。最優秀中継ぎ投手(13)

Type　特徴

長身から投げ下ろす球威のある
ボールで打者を抑え込む

体が突っ込まないようにグラブで壁をつくるイメージ。

腕を強く振り切るフォロー。

長身から角度のある直球で打者をねじ伏せる

　2012年シーズンより加入した助っ人リリーバー。191㎝の長身から投げ下ろす力のあるストレートは、160㎞/hをマークするなど速球派として知られている。投球フォームは、ワインドアップで始動して軸足にしっかりと体重を乗せて足を上げ、体重を一気に前足に移動させて、腕をしなるように振り下ろしている。また、体重移動の時にできるだけ頭と体が前方に突っ込まないように意識しているので下半身の力が上半身に伝わり、あの球速が出せるのだ。

　ワインドアップは体を大きく使えて遠心力も加えやすいので、ボールに力が乗り、球速や球威が上がるが、一般的に制球力が落ちる投げ方だといわれている。しかしマシソンは、ワインドアップでも投球動作中に目線を目標のグラブから外さないので、しっかりとボールをコントロールすることができているのだ。

30 宮國椋丞
Ryosuke MIYAGUNI

Profile
Ryosuke MIYAGUNI

投打	右投右打
身長	186cm
体重	84kg
生年月日	1992年4月17日
出身	沖縄県

糸満高からドラフト2位で2011年入団。

START

テイクバックを小さくすることで、体の開きを抑えることができる!

軸足

リラックスした構えから軸足に重心をしっかり乗せる。

START

軸足をぶらさずに足を上げて真っすぐ立つ。　　　軸足に体重が乗っていると、上体が前に突っ込まない。

新フォームで中継ぎの一角をになう

　スラッとした手足を生かした投球で、高卒ながらプロ2年目より先発として活躍していた宮國だがここ数年は調子に波があり、心機一転2015年からは中継ぎに転向して結果を残している。そして、フォ

ームの改造にも着手しており、現在は15年に結果を残した、球の出所(でどころ)が見えにくいフォームとなっている。

　新フォームの特徴はテイクバックが小さいこと。テイクバックを小さくすることで体の開きを抑える

腕のしなりがより生きる
ボールの出所が見えにくい新フォーム

スムーズな重心移動から
腕をしならせるように
鋭く振る!

6　7　8

腕を振り切りながらも打者から目を離さず、守備に備える。

体の後ろに
ボールが隠れるため
出所が見えにくい!

6　7　8

リリース後は腕を強く振り切る。

ことができ、頭の後ろにボールが隠れて見えにくいのだ。それに加えて、腕のしなりが使いやすくなるので、球速も以前に比べて速くなったと感じる。一概にはいえないが、テイクバックが大きすぎるとヒ

ジが下がってしまう可能性が高く、手投げのようになって腕のしなりが使いにくくなる。体の開きが早い、腕のしなりをもっと使いたい場合は、テイクバックを小さくすることに挑戦するといいだろう。

田原誠次
Seiji TAHARA

Profile	投打	右投左打	社会人・三菱自動車倉敷
Seiji TAHARA	身長	180cm	オーシャンズからドラフ
	体重	80kg	ト7位で2012年入団。
	生年月日	1989年9月2日	
	出身	宮崎県	

START

軸足

真っすぐな姿勢から足を上げて、軸足に重心をしっかり乗せる。　　体が前に突っ込まないように徐々に沈み込ませていく。

腰の横回転をしっかりと意識する

　緩急を自在に操る、チームで希少なサイドスロー投手。サイドスロー投手は、しっかりとした下半身と腰の横回転がうまく合わさることが重要となってくる。田原のフォームは、真っすぐに立った状態から足を上げて重心を軸足に乗せ、ステップとともに重心を下げていきながら腰の横回転を使って腕を強く振っている。彼のすばらしいところは、重心はステップとともに徐々に下げていくが、

体重移動はぎりぎりまで軸足で踏ん張ってガマンできているところだ。下半身でしっかりと粘れているので、その力が腕に伝わって強く振ることができ、結果ボールにキレが出ているのだ。

　サイドスローは下半身の力をしっかりと腕に伝えないと体の開きが早くなってしまうので、田原のようなしっかりとした腰の横回転を意識して行ってみよう。

START

軸足一本で立ち、ステップとともに重心を徐々に下げていく。

体重移動をぎりぎりまで踏ん張り
腰の横回転で腕を強く振る

7

体重移動をぎりぎりまで
ガマンすることで
ボールにキレが出る!

8 **9**

軸をぶらさずに腰の横回転を使う。

10 **11**

ためた力をボールに乗せるように腕を強く振り抜く。

6 **7** **8** **9** **10**

頭を動かさないことで、軸が安定する。

127

50 戸根千明
Chiaki TONE

Profile		投打	左投左打	
Chiaki TONE		身長	173cm	日本大からドラフト2位で2015年入団。
		体重	93kg	
		生年月日	1992年10月17日	
		出身	京都府	

START

1　2　3　4

グラブを顔あたりまで上げながら足を上げて、軸足に重心を乗せる。　　　体が前に突っ込まないようにステップする。

元々のパワーを生かした投球フォーム

　身長は173cmと小柄ながら93kgの迫力ボディーを持つ大卒2年目左腕。彼は上体の強さを生かした、ボールの出所がわかりにくいスリークォーター気味の変則フォームの持ち主だ。ノーワインドアップから始動して、ステップの幅を狭めに踏み込み、鋭い腰の回転を使って腕を大きく振り切っている。これは元々パワーがある投手しかできない、外国人投手に多いフォームだろう。また、テイク

バックを小さくしながらも腕を大きく振っているので、打者のタイミングを外せるという強みもある。
　2015年シーズンはルーキーだった戸根だが、投げっぷりのよいイメージがある。相手がどんなに強打者でも、自分のボールを信じて思い切り腕を振り切り、打者の懐をグイグイついていく。この若手らしからぬところも、彼の武器になっているのだろう。

START

1　2　3　4　5

軸足一本で真っすぐ立ち、重心を乗せ切る。

気迫あふれる投球スタイルで打者の懐をつく

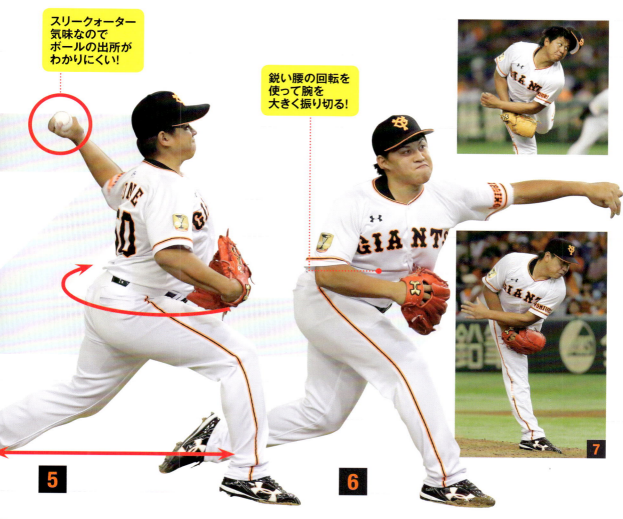

スリークォーター
気味なので
ボールの出所が
わかりにくい！

鋭い腰の回転を
使って腕を
大きく振り切る！

腕を強く振って、ためたパワーをボールに伝える。

公文克彦
Katsuhiko KUMON

Profile

Katsuhiko KUMON

投打	左投左打
身長	173cm
体重	78kg
生年月日	1992年3月4日
出身	高知県

社会人・大阪ガスからドラフト4位で2013年入団。

体の開きを抑えながら軸をぶらさずに回転を始める!

軸足を蹴って鋭く振り抜く。

9

インステップで踏み込むことで回転の力がボールにしっかり伝わる!

8

7

START

1　　**2**　　**4**　　**5**　　**6**

軸足一本で真っすぐ立ち、重心を乗せ切る。

インステップ投法が特徴の
期待の若手左腕

START

体を沈み込ませながらも上体が前に突っ込まないようにタメを意識。　　　　　　　背筋を真っすぐに伸ばした構えから投球スタート。

インステップで腕を鋭く振り切る

　身長173cmと小柄ながら、独特なフォームから150km超のスピードボールを強気に投げ込む左腕投手。背筋を真っすぐにして始動し、軸足にしっかりと重心を乗せてゆっくりと体重移動して、インステップで体のひねりの回転を使って腕を鋭く振り切っている。上半身が前に突っ込まないように意識してタメをつくり、サイドスロー気味のスリークォーターからインステップで踏み込むこ

とで力を保ったまま上半身を強くひねり、その回転がしっかりと腕に伝わって速球を投げることができている。

　また、特徴であるインステップ投法により右ヒザの開きを抑えて、右打者にはインコースへ鋭い角度でボールが投げられ、左打者には背中からボールが出てきているように見えるなど、脅威を与えることができているのだ。

インステップで踏み込むことにより、ヒザの開きを抑えることができる。

131

91 中川皓太
Kota NAKAGAWA

Profile	投打	左投左打	
Kota NAKAGAWA	身長	183cm	東海大からドラフト7位で2016年入団。
	体重	83kg	
	生年月日	1994年2月24日	
	出身	大阪府	

START

力みのないゆったりとした状態から始動。　　　　　　　ヒジを支点に大きなテイクバック。

START

軸足にしっかり重心を乗せる。　　　　　　　　　　両腕を使った大きなテイクバック。

大きくテイクバックを取って腕を振り抜く

　2015年ドラフト7位指名の中川は、一軍キャンプに参加するなど下位指名ながら首脳陣の期待の大きい選手。彼は183cmの恵まれた体格を大きく使ったダイナミックな投球フォームをしている。ゆったりとした力みのない重心を下げた状態から始動し、大きくテイクバックを取って、スリークォーター気味に腕を振り抜く。右足をややインステップ気味に踏み出しているので、より角度のついたボールを投げることができているのだ。

　大きなテイクバックを取ると、ボールのリリースするタイミングが間に合わず、腕がしっか

大きなテイクバックから
キレのあるボールを投げる

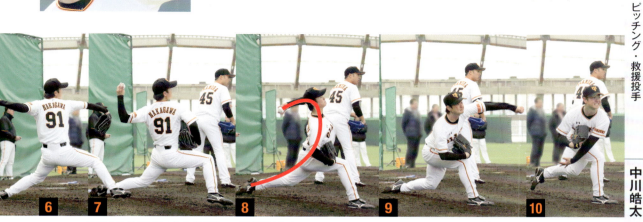

6 7 8 9 10

下半身の粘りと腕のしなりを使って鋭く振り抜く。　　　　　　頭の位置が変わらない点にも注目。

6 7 8 9 10

右足をややインステップ気味に踏み出す。　　　　　　最後までしっかり振り抜く。

り上がっていないフォームになることがあるが、中川は下半身の粘りがしっかりとできているので、腕のしなりを使ってキレのあるボールが投げられている。連続写真で頭の位置が変わらないのは、上体が前に行こうとするエネルギーを踏ん張れる下半身の力があるからだろう。

92 平良拳太郎
Kentaro TAIRA

Profile

Kentaro
TAIRA

投打	右投右打
身長	181cm
体重	77kg
生年月日	1995年7月12日
出身	沖縄県

北山高からドラフト5位
で2014年入団。

軸足でぎりぎりまで体重移動を踏ん張り、体の開きを抑える。

体の開きをガマン
しながらリリースに
向けて鋭く回転する!

腕を鋭く振るが、フォローでバランスをくずさない。

トルネードのように左足をひねり上げる

START

真っすぐな姿勢から左足をひねり上げていく。

5

軸足一本で立ち
左足をひねり
上げたパワーを
ためる！

軸足

4

9

頭を動かさないことで、目線がぶれない。

トルネード気味の独特の投球フォーム

2016年シーズンでプロ3年目を迎える平良は、トルネード気味の独特のフォームの持ち主。未だ一軍未出場ながら、ファームではもちろん、昨秋は21U（21歳以下）侍ジャパンの代表として出場するなど、日々実績を積んでいる。

平良は高校時代からトルネード投法で活躍していたが、プロに入り体のひねりを抑えたフォームに修正。そして2015年オフに、高校時代のフォームを基にじっくりと軸足に体重を乗せていきながら、トルネード気味に左足をひねり上げて、サイドスローから腕を振り切るフォームに再度修正した。トルネード投法のように体のひねりを使って投げるため、目線がぶれやすく制球が乱れる可能性が高かったが、現在は投げ方をスリークォーターからサイドスローに変えたことで体重移動がスムーズに行え、制球力も上がっている印象だ。

135

PART 5

守備・走塁

勝利をつかむためには固い守りが必須。打球にすばやく反応し、正確なキャッチング・スローイングでアウトを取る。失点を許さない堅実な守備が勝利につながる。また、1点でも多く得点を取るには、正確かつ攻撃的な走塁が必要。ひとつでも先の塁を狙う走塁は、得点力を高め攻撃の幅を広げる。期待の若手、守備の名手が加入した今のジャイアンツは、相手チームにつけ入るすきを与えない最強の布陣だ。

FIELDING & BASE RUNNING

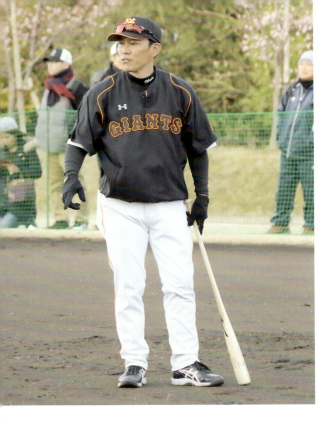

選手の動きをしっかりと見きわめる

—— 今シーズン(2016年)から指導者の立場になりましたが、選手に守備を教えるうえで心がけていることはありますか?

井端 各ポジションで考え方は同じなのかもしれませんが、選手それぞれで体つきも違いますし、動き方も違います。坂本(P144)のように、左利きなのに右投げという選手もいるわけですから。となると、全員に同じ教え方をすることは難しい。だから今は、選手個々の動きをしっかりと見きわめ、弱点を修正してあげることをいちばんに考えています。だから、僕も利き腕や利き足なども踏まえて、その選手になったつもりで教えると、選手にもわかりやすいんじゃないかと思って取り組んでいます。

—— 現役時代とコーチという立場で、助言に違いがありますか?

井端 何かを伝えるという点においては同じだと思います。でも、選手時代とは違い、チームの内野手全員のことを把握しなければい

82 井端弘和
Hirokazu IBATA

Profile		
Hirokazu IBATA	投打	右投右打
	身長	173cm
	体重	73kg
	生年月日	1975年5月12日
	出身	神奈川県

亜細亜大からドラフト5位で1998年ドラゴンズに入団し、2014年ジャイアンツ入団。2016年から1軍内野守備走塁コーチ就任。ベストナイン(02、04〜07)、ゴールデングラブ(04〜09、12)

1 **2** **3** **4** **5**

打球にすばやく反応し、早めに構える。　　　　　　　　　　　　　グラブは下から上に動かす。

けないので、そこは大変ですね。

グラブの使い方は"下から上へ"

—— 現役時代、"守備の名手"といわれた井端コーチ。ポジションについている時は、どんなことを意識していましたか？

井端　早めに準備することと、グラブは下から上に動かすということは意識していました。これはどのポジションを守っていても同じ。飛んでくる打球に対して早く準備ができていれば、自ずと反応はしやすくなります。あと、グラブはグラウンドにつくイメージ。そうすることで、バウンドしている打球が急にゴロになったとしても対応ができるんです。これが、グラブが上から下の動きになってしまうとトンネルなどのエラーにつながりやすいんです。一般的に"腰の位置を低く構えたほうがいい"といわれますが、僕としてはあまり気にしない。選手によってベストな高さはマチマチですから。腰の高さよりもいかにグラブを低い位置で構えられるかが、ポイントになっていましたね。

—— スローイングのポイントを教えてください。

井端　右足に重心を残してボールを捕った場合、ステップの時にもう一度右足に重心を感じられるかというのは意識していました。そうすることで体重移

動もスムーズになり、送球のぶれをなくすことができるんです。

守備の基本を体に染み込ませる

—— 守備練習では、どのようなイメージを持って取り組んでいましたか？

井端　早めに構えるという基本動作は同じで、それを繰り返し、繰り返し行っていました。変化がないのでつまらないと思ってしまうかもしれませんが、確認をしながら体に動きを染み込ませていく。基本ができれば、応用の利いた守備ができるようになると思います。

—— 最後に、子どもたちにメッセージをお願いします。

井端　守備は、毎日の練習が上達の秘訣だと思います。基本を身につけ、頭で考えながら本を動かすことを忘れないでほしいですね。

| 6 | 7 | 8 | 9 | 10 |

捕球後、すばやく送球体勢に入る。　　　左肩と左足を送球方向に向ける。

00 寺内崇幸
Takayuki TERAUCHI

Type 特徴

堅実な守備でチームを支える
ユーティリティプレイヤー

多くのシチュエーションを頭に入れる

—— 守備で心がけていることは？

寺内　しっかりと準備することですね。体の準備は当たり前ですが、相手打者の情報を整理したり、いろんな場面を想定したりして、頭の準備もしておかないといけません。さまざまなシチュエーションが頭に入っていれば、体がすぐに対応できるので。

—— 複数のポジションをこなす寺内選手。各ポジションでどんな切り替えをしていますか？

寺内　ポジションにより、考え方や構え、ボールの投げ方には当然違いがあるので、練習でしっかりと身につけるしかありません。セカンド、ショートの場合、守備範囲が広いので、自分のベストなタイミングですばやく動けるかを重視した構えになっています。サードの場合は、重心をできるだけ低くして構えています。飛んでくる打球のスピードが速いので、目線をそらさないためにも、低いほうがいいんです。

—— スローイングの違いは？

寺内　ショートを守る時は、打球を捕ってからワンステップでリズムよく強い送球をすることが基本。腕をしっかり振って大きく投げるイメージでしょうか。セカンドの場合は、小さなスローイングが要求されるので、体の近い位置で腕を振るような感じになります。サードは、オーバースローですね。サードからファーストへの送球の場合、左右にそれてしまうと一塁手が走者と交錯する恐れがあります。それを避けるためにも、縦のラインを合わせた送球が大事なんです。

守備の基本はキャッチボールにあり

—— 子どもの時に取り組んでいた練習を教えてください。

寺内　中学生の時は、右足を前に出して打球を捕り、ノーステップで投げる練習をしていましたね。捕ってからの動きを減らして、早いタイミングで投げられるように心がけていました。できるだけステップをせずに、最初からバランスを取るという意識を継続してもらっていましたね。

—— 守備が上達するためのいちばんのコツは？

寺内　継続した練習ですね。ノックを受けることもそうですが、僕は、キャッチボールがしっかりできていないと守備はうまくならないと思っています。最終的には、1球もぶれることなく相手の胸に投げることがベスト。それが難しいのであれば、ベルトをめがけて投げるとか、横にそらさないように投げるとか、自分で決めごとをつくってキャッチボールをするといいと思います。

—— 監督やコーチなど、指導者からアドバイスされたことで、大切にしていることは？

寺内　これというものはないのですが、アドバイスを受けたことを最初から否定しないようにしています。自分に合わないかもしれませんが、とにかくやってみる。自分に合っていれば継続すればいいし、合わないと思えば、違う方法を探せばいい。監督やコーチがアドバイスをくれるというのは、自分で気づかないこともありますから。アドバイスを大切にしながら、最後は自分で考えて決断する。自分の考えがないと、なかなかうまくなりませんからね。

> インタビュアーのひと言
> 質問に対しての返答が早く、とくに守備に関しては動きもまじえた解説で、いつのまにか制限時間いっぱいに…というほど夢中になってしまいました。

ポジション別の構え方

セカンド・ショートの
構え方

守備範囲が
広いので
ベストタイミングで
すばやく
動けるかを重視!

サードの構え方

飛んでくる打球の
スピードが速いので
重心をできるだけ
低くする!

体が一塁側を向くように捕球する

　堅実な内野守備に定評がある寺内は、2015年はケガの影響から出場数は減ったもののサードとして途中出場も含めると半数以上出場している。

　サードのゴロの捕球は腰をしっかりと下ろして、グラブを下げて捕球し、一塁方向へステップして送球する。サードのゴロは強い打球がくることが多いので、しっかりと前で打球を止めて、正確に送球することが大切だ。正確にすばやい送球をするためのポイントは、捕球時に三塁側から曲線を描くようにボールに向かっていくこと。この動作をすることによって体が送球する一塁側に向くので、投げやすくなるのだ。

START

1　2　3　4　5　6

早めに捕球の準備に入り、両手でしっかり捕る。

右方向　　　基本姿勢　　　左方向

かかとを浮かせて重心を
つま先方向に持って行く!
打球にすばやく反応するためにも
リラックスして構える!

左肩と左足を送球方向に向けて、正確にすばやく送球する。

6 坂本勇人
Hayato SAKAMOTO

内野守備

START

すばやく打球方向に
入って早めに構える!

1 **2** 腰とヒザを軽く曲げる。

3

4

5 両手で捕りに行き、
確実に捕球する。

打球の行方を瞬時に判断

　打撃センスに加え、高い身体能力を生かして広い守備範囲を誇る坂本。ジャイアンツのショートのレギュラーとして8年(2015年シーズン終了時)もの間、変わらぬ活躍を続けている。
　ショートは瞬時の判断能力が必要な重要なポジション。腰とヒザを軽く曲げて、打者のインパクトと同時にスタートできるように上体を前傾して構えている。また、打球を後方で待つのではなく、「打球を捕りに行く」意識を持っているので、打球に対する反応が早くなり、広範囲に守ることができている。

10 **11** **12** **13** **14**

キャッチした勢いのまま送球体勢に入る。

広い守備範囲・地肩の強さ・確実性
守備力が抜群に高い不動のショート

グラブは下から
上に動かして
確実にキャッチする!

キャッチしたボールをしっかり握る。

6

7

8

9

左肩を送球方向に
向ける!

手首を
柔らかく
使って
送球する!

15

16

17

左足を送球方向に
向ける!

小林誠司 捕手・送球
Seiji KOBAYASHI

小さなモーションから
耳のそばを通るような
形でスローイング!

ステップと同時に
送球する腕を
後ろに引いていく!

G POINT 5

G POINT 4

G POINT 3

G POINT 5

G POINT 4

9

8

7

6

足の踏ん張りを使ってすばやく小さなモーションで送球する。

強肩を武器に
正捕手を狙う期待の若手

足の踏ん張りを使い
すばやく送球する

かかとを少し浮かせて
構え、すばやく
送球動作に入る!

START

G
POINT
2

G
POINT
1

小林誠司

捕手送球

キャッチャーの送球は他の野手と違い、かがんだ状態から送球するので強肩はもちろん、けん制や盗塁阻止のためにすばやく正確に送球する能力が求められる。

送球時の構え方は、同足をピッチャーに対して真正面にそろえるのではなく、やや右足を下げてかかとを上げることがポイント。片足を下げることで足の踏ん張りが使え、スムーズに送球動作を行うことできるのだ。盗塁阻止の投球の場合は、ミットで受け取るまでボールを待つのではなく、ミットに上体を持っていくことでよりすばやい送球ができる。小林の場合は肩に自信があるので、捕球体勢はほぼ変わっていない。

START

G POINT 3

G POINT 2

G POINT 1

5

4

3

2

1

ピッチャーの投球を受けたら瞬時に送球動作に入る。

31 松本哲也 外野守備
Tetsuya MATSUMOTO

10 **9** **8** **7** **6**

バック走ではなく、体をひねりながら走る。

スタートの一歩目ですべてが決まる

　俊足を生かした球界屈指の広い守備範囲を持つ松本。その広い守備範囲の要因は、打球の出だしを瞬時に判断してスタートする時の一歩目の速さと、打球を追う目線の高さを一定に保つことにある。

　打者の打球方向を瞬時に予測して一気に落下点の後方に回り込み、打球が近づいてきたら目線の高さを一定にしてボールを追っている。目線の高さを一定にすることで、打球の落下点の目測を正確に行うことができているのだ。外野の守備は内野よりも打球がくるまでの距離が長いので、ボールを目で追う際は頭が上下しないように意識して行うとよいだろう。

11

落下点のやや後方から前進する形でキャッチ!

12 **13** **14** **15**

落下点のやや後方にきたら目線を一定にして捕球体勢に入る。

スピードを生かした広い守備範囲は球界屈指

打球をしっかり見て瞬時にスタート!

START

5

4

3

2

1

打球を追う時は頭を上下させない。

両ヒザに手をおいたリラックスした姿勢。

キャッチした勢いのまますばやく送球動作に入る!

右足をステップし送球がぶれないようにヒジをやや高く保つ!

腕をしっかり振って速くて強いボールを投げる!

16

17

18

19

12 鈴木尚広
Takahiro SUZUKI
走塁

「瞬時の判断がスピードにつながる」
球場全体が湧く走りのスペシャリスト

Profile

Takahiro
SUZUKI

投 打	右投両打
身 長	180cm
体 重	78kg
生年月日	1978年4月27日
出 身	福島県

相馬高からドラフト4位
で1997年入団。ゴールデ
ングラブ(08)

感性と判断力を磨くことが上達のコツ

—— 代走も含めて塁に出た時、どのようなことにポイントを置いているか教えてください。

鈴木　僕が出る場面は、1点を争う重要な展開の時が多いので、かなりのプレッシャーがかかります。そんな場面だからこそ、自分自身を客観視する必要があるんです。プレッシャーを受け止めた上で、絶対にとらわれないこと。球場の雰囲気に飲み込まれると、スタートの動作が遅れてしまう。それを防ぐためにも、客観的な見方が大切になると考えています。

—— 盗塁のスタートを切るタイミングは？

鈴木　盗塁ではピッチャーがボールを持っているので、走者は受け身になりやすい。けん制がくることも頭に入れておかないといけませんから。でも、相手ピッチャーのことばかり考えてしまEいいスタートEは切れません。野球は感性のスポーツなので、考えすぎるとよくないこともあります。だから僕は、いかに相手の雰囲気を察して、自分のタイミングで最高のスタートを切るかという部分を大事にしています。感性を磨くことが、盗塁の成功率を上げるコツにもなるわけです。

—— 積極的な走塁をするために心がけていることは？

鈴木　バッターが打った時に、どんな打球かはもちろんですが、外野手の守備位置や肩の強さなどを瞬時に判断することが大事になってきます。ましてや、外野手が右投げなのか、左投げなのかでも違いはあります。そこまでと思うかもしれませんが、細部にまで気を配っていないと、ひとつでも先の塁を奪うことはできないんです。絶対にセーフになるという自信がないとダメなんです。そういう気持ちになるには、自分が球場全体の空間を把握しているという

意識が必要になってきます。

—— 感性や判断力を磨くことで、足の遅さをカバーできるということですね。

鈴木　足が速いことに越したことはありませんが、一瞬の判断ができなければ、速さは生かしきれません。いろんな状況を考えて体に染み込ませていけば、瞬時の判断ができるようになると思います。

実際のベースの先に目標を定める

—— スライディングについて、意識している点があれば教えてください。

鈴木　人間は、目標物を目の前にするとそこに合わせようとしてしまい、ブレーキをかけてしまう習性があります。どれだけいいスタートを切ってもベースに到達するまでにスピードが落ちれば意味がない。スピードを持続させるには、実際のベースよりも先に目標物をおかなければいけない。だから僕の中では、ベースはあくまでも通過点。向かっていくのはその先にある仮想のベースという意識を持つようにしています。

—— 最後に、子どもたちにメッセージをお願いします。

鈴木　いろんな練習や試合の経験を積み重ねてきた結果、僕らはプロ野球選手になっています。練習がきついこともあるかもしれませんが、野球が好きだという気持ちがあれば乗り越えられるはず。それを積み重ねることが、最高の舞台で活躍するための秘訣なのではないかと思います。

> **インタビュアーのひと言**
> 鈴木選手の「いい本にしたいね」のひと言で、急きょインタビュールームからグラウンドに出て撮影スタート。走塁の動きをしながら解説する姿に、スタッフ一同、感激しました。

12 鈴木尚広 走塁
Takahiro SUZUKI

走塁の基本

自身のセーフティリードを意識し、投手や打者のタイミングに合わせる。打球や外野手の守備位置・肩の強さなどを瞬時に判断できるようにする。

走り出す直前まで体は力まない

一塁、二塁と違い、三塁からの走塁はあまり大きなリードを取らない。鈴木も、けん制されてもアウトにならない自身のセーフティリードを意識し、投手によってその幅を調整している。

いちばん下の連続写真は、ヒットフライで野手に捕球されてしまうと三塁に戻らなければいけない状況。打球を目で追いながら帰塁できる幅を判断しながらリードを広げ、ヒットになったところで一気にスピードを上げている。走り出す直前までは力まない状態を保つことで、どんな状況にも柔軟に対応できているのだ。

START けん制の基本の動き

進塁・帰塁どちらにも動ける姿勢を保ち、投手のけん制の動きに瞬時に反応する。

START

打球を目で追いながら、進塁・帰塁どちらもできるところまでリードを広げる。

力みのないリラックスした構え。絶対にセーフになるという自信を持つためにも、細部まで気を配る。

低い姿勢から右足を強く蹴り、腕をしっかり振ってトップスピードに入る。

地面を強く蹴り、体を倒しながらベースタッチする右手をしっかり伸ばす。

ヒットになったところで、一気にスピードを上げて行く。

153

58 立岡宗一郎 盗塁
Soichiro TATEOKA

強い蹴りを保ったまま
徐々に体を上げて行く!

9　8　7　6　5

🔶 しっかり腕を振って走る。

前傾姿勢で一気にスピードを出す

　盗塁はスタートと中間走のスピードが大事。いいスタートを切ってすぐにトップスピードに入り、中間もスピードを落とさないことでスライディングの勢いにもつながる。

　スタートから3歩ほどでトップスピードを出せるように、重心を低くして前傾姿勢で利き足から走り出す。上体を起こした姿勢で走り出すと、抵抗が生まれてしまい瞬時にスピードが出にくいので、重心を低くスタンバイすることが大切だ。

　また、スライディングをする時は、減速しないように上体を後方へ反らして、腰を低くして斜めから入ることをイメージするとよいだろう。

15　14

ベース到達後は、ボールがどこにあるかなどまわりの状況を確認する。

力強い走りで一気に
トップスピードに持って行く

START

立岡宗一郎

盗塁

1

ヒザを曲げた低い姿勢で、タイミングを見きわめる。

3

2

4

スタートした時の前傾姿勢のまま腕をしっかり振りトップスピードに持って行く!

右足を強く蹴って低い姿勢のままスタートを切る!

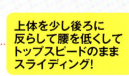

上体を少し後ろに反らして腰を低くしてトップスピードのままスライディング!

13

12

11

10

スピードを維持したままスライディング体勢に入る。

GIANTS HISTORY

1934年
歴史の始まり
11月の日米野球後のプロチーム結成を見こみ、読売新聞社社長、故正力松太郎らの尽力により、6月、三原修とプロ第1号選手として契約を結ぶ。12月、大日本東京野球倶楽部が設立され、日本初のプロ野球チームが誕生する。

1935年
アメリカ遠征の前に「東京ジャイアンツ」と仮に命名し、ここでニックネームが「ジャイアンツ」になる。アメリカ遠征では128日間で109試合をこなし、75勝33敗1分の好成績を残した。

1936年春夏
35年から36年にかけて大阪タイガースなど7チームが結成され、「日本職業野球連盟」が設立。第2回アメリカ遠征(42勝32敗1分)。7月、「日本職業野球連盟結成記念全日本野球選手権試合」が開催された。

1936年秋
初優勝
9月25日、沢村栄治がタイガース打線を相手に、プロ野球史上初のノーヒットノーランを達成。秋の公式リーグ戦において優勝。

1937年(春優勝、秋2位)
9月11日、後楽園球場完成。

1938年(春2位、秋優勝)
沢村が応召されたため、スタルヒンがエースとして大車輪の活躍を見せ、春秋最多勝。秋には中島治康が日本初の三冠王。優勝決定戦ではタイガースに敗れた。

1939年(優勝)
第1期黄金時代の始まり
スタルヒンが驚異の42勝で、防御率、奪三振などあらゆるタイトルを獲得。川上哲治が二冠王(打率と打点)。

1940年(優勝)
8月には満州で公式戦を行った。

1941年(優勝)
川上が二冠王(打率と打点)でMVPを獲得。

1942年(優勝)
太平洋戦争の影響でボールの粗悪化が進み、首位打者の打率が呉波の2割8分6厘という史上最低打率になった。青田昇、藤本英雄らがデビュー。

1943年(優勝)
6季連続優勝。2年目の藤本がエースの座に。最多勝(34勝)、最多奪三振、最優秀防御率などを獲得。

1944年(2位)
チーム初の6連敗を喫するなど、兵役による選手不足が響き、2位に終わった。

1945年
終戦。

1946年(2位)
戦後の国民的娯楽へ
対グレートリングとのリーグ最終戦に勝てば同率決定戦に持ちこめたが、この試合を落として2位に終わる。

1947年(5位)
チーム名を「東京巨人軍」から「東京読売巨人軍」に変更。球団創設史上初の勝率5割を切り、5位に終わった。

1948年(2位)
青田が首位打者と本塁打王の二冠(川上も同本数の本塁打王)。川崎徳次と中尾碩志が最多勝(中尾は防御率と奪三振王も獲得)。日本初のナイトゲームが行われた(横浜ゲーリック球場)。

1949年(優勝)
藤本が最優秀防御率、奪三振王など沢村賞を獲得。4月12日の南海戦で川上が史上初の逆転満塁サヨナラ本塁打を放つ。戦後初優勝を飾った。

1950年(3位)
2リーグ制へ分裂
プロ野球がセリーグとパリーグに分裂。この年から本格的なナイター時代を迎える。藤本が史上初の完全試合を達成。勝率6割を越えたものの3位に終わった。

1951年(優勝、日本シリーズ優勝)
第2期黄金時代の幕開け
18ゲームの大差をつけてペナント優勝。川上が首位打者、青田が本塁打と打点の二冠王を獲得。日本シリーズは、2リーグ分裂以降、何度も戦うことになった南海との初対決だった。

1952年(優勝、日本シリーズ優勝)
別所毅彦が33勝で最多勝を獲得。チーム打率2割9分2厘の高打率で、ペナントと日本シリーズ2連覇。

1953年(優勝、日本シリーズ優勝)
初の海外(アメリカ・サンタマリア)キャンプを実施。対阪神戦で初のテレビ中継が行われた。大友工が投手部門のタイトルを総なめにした。川上が首位打者を獲得。ペナントと日本シリーズ3連覇。

1954年（2位）
与那嶺要が首位打者を獲得。杉下茂が獅子奮迅の働きを見せた中日に敗れ、ペナントを手放す。

1955年（優勝、日本シリーズ優勝）
多摩川球場が開設された。ペナントは15ゲーム差をつけての優勝。川上が首位打者と打点の二冠王を獲得。大友が最多勝、別所が最優秀防御率を獲得。日本シリーズは南海と第7戦までもつれこむも優勝を飾った。

1956年（優勝、日本シリーズ敗退）
与那嶺が首位打者、宮本敏雄が打点王を獲得。別所が最多勝を獲得。日本シリーズでは三原監督率いる西鉄に敗れた。

1957年（優勝、日本シリーズ敗退）
与那嶺が2年連続首位打者。宮本が打点王。日本シリーズでは西鉄に1勝もあげることができなかった。

1958年（優勝、日本シリーズ敗退）
長嶋茂雄のデビュー
長嶋茂雄が三冠王まであと一歩（打率が2位）の衝撃デビューを飾った。日本シリーズではまたもや西鉄の稲尾和久にやられて3連勝後の4連敗。

1959年（優勝、日本シリーズ敗退）
王貞治のデビュー
6月25日に天覧試合が行われた。王貞治がこの年にデビュー。長嶋が首位打者を獲得。藤田元司が最多勝を獲得。日本シリーズは南海の杉浦忠（4連投4連勝）に敗れる。

1960年（2位）
長嶋が2年連続首位打者。王も17本塁打と長距離砲の真価を発揮し始めた。

堀本律雄が最多勝を獲得。

1961年（優勝、日本シリーズ優勝）
長嶋の二冠王（打率と本塁打）の活躍で優勝。南海との日本シリーズでは第6戦に延長ゲームを制して優勝。

1962年（4位）
王貞治が一本足打法を取り入れ、38本塁打、85打点の二冠王に輝く。長嶋の不振と投手陣の不調でBクラスに終わった。

1963年（優勝、日本シリーズ優勝）
復活の長嶋が首位打者と打点王。王が本塁打王を獲得。投手陣は5人が二桁勝利と安定し、日本シリーズでは宿敵の西鉄を破る。

1964年（3位）
王がシーズン本塁打55本の日本記録で二冠王（本塁打と打点）。第2期黄金時代を支えた藤田が引退。

1965年（優勝、日本シリーズ優勝）
伝説のV9の始まり
金田正一が国鉄から移籍し、最優秀防御率を獲得。王が二冠王（本塁打と打点）を獲得。日本シリーズでは南海を破った。

1966年（優勝、日本シリーズ優勝）
堀内恒夫が新人13連勝の記録を作るデビューで最優秀防御率を獲得。長嶋が首位打者。王が本塁打と打点の二冠王を獲得。日本シリーズでは南海を破った。

1967年（優勝、日本シリーズ優勝）
堀内、金田を含む5人の投手が二桁勝利で優勝。王が本塁打と打点の二冠王を獲得。日本シリーズでは阪急を破った。

1968年（優勝、日本シリーズ優勝）
長嶋が打点王、王が本塁打王と首位打者の活躍で優勝。チーム防御率はリーグ4位だったものの、攻撃陣の活躍で優勝。日本シリーズでは阪急を破った。

1969年（優勝、日本シリーズ優勝）
長嶋が打点王、王が本塁打王と首位打者の活躍で優勝。高橋一三が最多勝を獲得。金田が通算400勝を置き土産に引退。日本シリーズではまたもや阪急を破った。

1970年（優勝、日本シリーズ優勝）
王が9年連続の本塁打王で南海の野村克也の記録を破る。同時に首位打者も獲得。長嶋が打点王。日本シリーズではロッテを破った。

1971年（優勝、日本シリーズ優勝）
投手陣の不調を打線がカバーして優勝。長嶋が首位打者、王が本塁打王と打点王を獲得。日本シリーズでは阪急絶対有利の下馬評を覆した。

1972年（優勝、日本シリーズ優勝）
王が7試合連続本塁打の記録。本塁打と打点の二冠王を獲得。堀内が26勝で最多勝を獲得。日本シリーズでは阪急を破った。

1973年（優勝、日本シリーズ優勝）
王が念願の三冠王を達成。高橋が奪三振王を獲得。日本シリーズでは南海を破った。

1974年（2位）
長嶋引退と川上監督の勇退
王が二年連続の三冠王。関本四十四が最優秀防御率を獲得。長嶋が引退。V9が途切れた。

1975年（6位）
長嶋監督の船出
球団史上初の最下位に沈む。王が打点王を獲得。

1976年（優勝、日本シリーズ敗退）
張本勲が移籍。王がベーブ・ルースの記録を超える715号を放つ。本塁打と打点の二冠王を獲得。日本シリーズでは阪急に敗れた。

1977年（優勝、日本シリーズ敗退）
王がハンク・アーロンの記録を超える756号を放ち、二冠王（本塁打と打点）、第1回正力松太郎賞受賞、国民栄誉賞第1号に選ばれる。新浦寿夫が最優秀防御率獲得。日本シリーズでは再度阪急に敗れた。

1978年（2位）
Ⅴ9時代を支えた野手の高齢化もあり、2位に陥落した。王が打点王を獲得。新浦寿夫が最優秀防御率を獲得。

1979年（5位）
中畑清や篠塚和典など若手の台頭の兆しが見られたものの、Bクラスに沈んだ。新浦が最多奪三振王を獲得。

1980年（3位）
通算本塁打868本の王が引退
江川卓（最多勝利・奪三振）、西本聖など投手陣の活躍が見られたものの、打撃陣が振るわず3位。王が現役引退、助監督就任。

1981年（優勝、日本シリーズ優勝）
原辰徳、篠塚、中畑らの活躍。江川（最優秀防御率・最多勝・最多奪三振）、西本、角三男などの投手陣も最強で73年以来の日本一に輝く。

1982年（2位）
中日に0.5ゲーム差で2位に終わった。江川が奪三振王を獲得。

1983年（優勝、日本シリーズ敗退）
原が打点王の初タイトル。駒田徳広、槙原寛己がデビュー。日本シリーズでは西武に敗れた。堀内が引退。

1984年（3位）
王監督の就任
篠塚の首位打者以外は打撃陣が振るわず3位に終わった。

1985年（3位）
吉村禎章を筆頭にクロマティなど3割打者4人を輩出したが3位に終わった。

1986年（2位）
クロマティが中心バッターに成長。勝率3厘差で広島に敗れ、ペナントを逃した。

1987年（優勝、日本シリーズ敗退）
2年目の桑田真澄が15勝で最優秀防御率。篠塚が首位打者を獲得。原が通算200本塁打を達成。日本シリーズでは西武に敗れた。

1988年（2位）
東京ドームが完成。槙原が最多奪三振を獲得。中日に12ゲーム差をつけられての2位に終わった。

1989年（優勝、日本シリーズ優勝）
藤田元司監督就任。斎藤雅樹が20勝の最多勝と最優秀防御率を獲得。クロマティの首位打者の活躍で8年ぶりの日本一に輝いた。

1990年（優勝、日本シリーズ敗退）
斎藤の2年連続20勝の最多勝・最優秀防御率などの活躍もあったが、日本シリーズでは西武に4連敗。

1991年（4位）
原が通算300本塁打を達成。

1992年（2位）
開幕ダッシュに失敗したことが響き、後半に盛り返したものの2位に終わる。斎藤が最多勝を獲得。

1993年（3位）
第2次長嶋政権
藤田監督から長嶋監督へバトンタッチされたが、勝率5割を切る苦しい船出となった。

1994年（優勝、日本シリーズ優勝）
槙原、斎藤、桑田（最多奪三振）の三本柱が活躍。中日と最終戦直接対決を制し優勝。日本シリーズでは、初めて西武を破った。

1995年（3位）
ヤクルトが驚異的な勝率で勝ち星を重ね、10ゲーム差をつけられて3位に終わった。斎藤が最多勝と最多奪三振を獲得。

1996年（優勝、日本シリーズ敗退）
メークドラマ
落合博満が史上7人目の500本塁打を記録。成長著しい松井秀喜が38本塁打と活躍し、11.5ゲーム差をひっくり返しての優勝。長嶋監督の造語「メークドラマ」が話題に。斎藤が最多勝、最多奪三振、最優秀防御率を獲得。日本シリーズではオリックスに敗れた。

1997年（4位）
故障者続出で、5月中旬から9月上旬

まで最下位。4位に終わった。

1998年（3位）
松井の二冠王（本塁打と打点）、高橋由伸の活躍など若手の台頭が目立ったものの3位に終わった。多摩川球場閉場。

1999年（2位）
新人の上原浩治が驚異の20勝で投手タイトルを総なめ（最多勝・最優秀防御率・最多奪三振）にするが、2位に終わった。

2000年（優勝、日本シリーズ優勝）
松井が二冠王（本塁打と打点）。日本シリーズでは福岡ダイエーとの戦いでON対決に注目が集まった。

2001年（2位）
松井（首位打者）などの重量打線の活躍もあったが、中継ぎ陣の崩壊で2位に終わった。

2002年（優勝、日本シリーズ優勝）
原監督の出陣
松井の二冠王（本塁打と打点）、上原（最多勝）、桑田（最優秀防御率）の新旧エースの活躍で優勝。日本シリーズでは西武を相手に4連勝で日本一に。

2003年（3位）
松井がヤンキースに移籍。川相昌弘が通算犠打の世界記録を樹立。上原が最多奪三振を獲得。3位に終わった。

2004年（3位）
堀内監督初陣。シーズン3位に終わった。タフィ・ローズが本塁打王を獲得。上原が最優秀防御率を獲得。

2005年（5位）
球団創設以来ワーストとなる80敗

を記録して5位に終わった。桑田が退団。

2006年（4位）
第2次原政権
主力に故障者が続出。最大10連敗などの大型連敗が響き、2年連続のBクラスに甘んじた。

2007年（優勝、クライマックスシリーズ第2ステージ敗退）
大きな連敗もなく安定した戦いで優勝したが、クライマックスシリーズ第2ステージで中日に3連敗。球団創設以来、通算5000勝達成。

2008年（優勝、日本シリーズ敗退）
セ・リーグ史上初となる最大13ゲーム差をひっくり返し逆転優勝。クライマックスシリーズを勝ち抜けしたが、日本シリーズでは3勝4敗で西武に敗退。

2009年（優勝、日本シリーズ優勝）
7年ぶりの日本一
坂本勇人を1番、松本哲也を2番に固定し開幕8試合目で首位に立ち、そのままシリーズを乗り切って優勝。クライマックスシリーズも勝ち抜け、日本シリーズでは日本ハムに4勝2敗で7年ぶりの日本一に輝いた。

2010年（3位、クライマックスシリーズ第2ステージ敗退）
長野久義がデビュー。最後まで首位争いを続けたが、首位と1ゲーム差の3位に終わる。クライマックスシリーズでは第2ステージで敗退。

2011年（3位、クライマックスシリーズ第1ステージ敗退）
東日本大震災の影響で4月11日の開

幕となった。統一球が導入された影響か、打撃陣が不振に陥り、3位に終わる。クライマックスシリーズでは第1ステージで敗退。長野が首位打者を獲得。

2012年（優勝、日本シリーズ優勝）
投打が噛み合い日本一に
開幕序盤に一時は最下位に沈んだが、阿部慎之助の二冠王（首位打者と打点）、長野と坂本の最多安打、内海哲也の最多勝、杉内の最多奪三振などの活躍で優勝。日本シリーズでは日本ハムに4勝2敗で日本一に輝いた。山口鉄也がプロ野球新記録の5年連続60試合以上登板（継続中）。

2013年（優勝、日本シリーズ敗退）
15年ぶりに開幕3連勝を決め、リーグ連覇。日本シリーズでは3勝4敗で楽天に敗退。5月5日東京ドームにて、長嶋茂雄終身名誉監督と松井秀喜氏、国民栄誉賞受賞。

2014年（優勝、クライマックスシリーズファイナルステージ敗退）
原監督が800勝、鈴木尚が200盗塁、杉内が2000奪三振、村田が1500安打と300号本塁打達成と記録づくめで、リーグ3連覇。クライマックスシリーズではファイナルステージで敗退。球団創設80周年。

2015年（2位、クライマックスシリーズファイナルステージ敗退）
前半の高木勇、後半のマイコラス、立岡などの活躍で最後まで接戦だったが、打撃陣の不振が響いて首位から1.5ゲーム差の2位に終わる。クライマックスシリーズではファイナルステージで敗退。

STAFF

執筆協力
藤野綾子／松野友克

写真撮影
糸井康友

本文デザイン
志岐デザイン事務所（熱田　肇）

取材協力
読売巨人軍

012 sports
読売ジャイアンツ 最強の教科書

2016年4月9日　初版発行

編　者　大泉書店編集部

発行者　佐藤龍夫

発　行　株式会社 **大泉書店**

住　所　〒162-0805
　　　　東京都新宿区矢来町27

電　話　03-3260-4001（代）

FAX　03-3260-4074

振　替　00140-7-1742

印刷・製本　大日本印刷株式会社

© Oizumishoten 2016 Printed in Japan
URL　http://www.oizumishoten.co.jp/
ISBN 978-4-278-04922-0　C0075

落丁、乱丁本は小社にてお取替えいたします。
本書の内容についてのご質問は、ハガキまたはFAXにてお願いいたします。